Helge Timmerberg
Das Mantra gegen die Angst

PIPER

Zu diesem Buch

Seit Helge Timmerberg auf dem Weg zu den heiligen Quellen nach Muktinath kam, sind fünfzehn Jahre vergangen. Damals reiste er mit dem Yogi Kashinath, der ihm ein Mantra schenkte, das für ihn zu einer Art Allzweckwaffe gegen Ängste wurde. Jetzt ist Helge Timmerberg zurück in Nepal und muss den Yogi wiederfinden. Er braucht Antwort auf die Frage, wie geheim das Mantra eigentlich ist. Darf er ein Buch darüber schreiben, es mit anderen teilen, oder ist es dann wirkungslos? Wird er den gepflegten Asketen und Wandermönch Kashinath überhaupt noch einmal treffen und wiedererkennen? Die Suche nach dem Yogi treibt den Autor an. Sie mündet in ein starkes, ehrliches, pointenreiches Buch darüber, welche Kraft wenige Worte entfalten können, wenn man fest genug an sie glaubt.

Helge Timmerberg, Jahrgang 1952, ist Journalist und Reiseschriftsteller. Er veröffentlicht in der *Süddeutschen Zeitung*, der *Zeit, Stern, Spiegel, Playboy* u.a. und schrieb Bücher wie »Tiger fressen keine Yogis«, »Shiva-Moon«, »Der Jesus vom Sexshop« und »African Queen«. Zuletzt erschienen der SPIEGEL-Bestseller »Die rote Olivetti«, »Die Straßen der Lebenden«, »Das Mantra gegen die Angst« sowie »Lecko Mio«.

Helge Timmerberg

DAS MANTRA GEGEN DIE ANGST

oder Ready for everything

Neun Tage in Kathmandu

PIPER

Mehr über unsere Autorinnen, Autoren und Bücher:

www.piper.de

Von Helge Timmerberg liegen im Piper Verlag vor:
Die Märchentante, der Sultan, mein Harem und ich
Die rote Olivetti
Im Palast der gläsernen Schwäne
Die Straßen der Lebenden
Das Mantra gegen die Angst oder Ready for everything
Reinhold Würth
Lecko Mio

Am Ende des Buchs befindet sich ein QR-Code, der direkt zum gesungenen Mantra gegen die Angst führt.
https://www.piper.de/timmerberg-mantra-song

Unser Versprechen für mehr Nachhaltigkeit
• Klimaneutrales Produkt
• FSC®-zertifiziertes Papier
• Hergestellt in Europa

MIX
Papier aus verantwortungsvollen Quellen
FSC® C083411
www.fsc.org

Ungekürzte Taschenbuchausgabe
ISBN 978-3-492-31875-4
Januar 2022

Redaktion: Fabian Bergmann, München
Umschlaggestaltung: Birgit Kohlhaas, kohlhaas-buchgestaltung.de
Umschlagmotiv: Nick Nostitz und iStock
Satz: Fotosatz Amann, Memmingen
Gesetzt aus der Palatino LT Pro
Litho: Lorenz & Zeller, Inning am Ammersee
Druck und Bindung: CPI books GmbH, Leck
Printed in the EU

Für Dich

1. KAPITEL

1. TAG IN KATHMANDU

Touchdown in Kathmandu.

Es ist 6.30 Uhr. Ich habe zwei Nächte nicht geschlafen. Ich bin nicht in Form für die Einreiseformalitäten. Am Visaautomaten fühle ich den Schweiß auf meiner Stirn. Man bekommt das Visum entweder bei der nepalesischen Botschaft im Heimatland oder hier. Ich war mal der Meinung, hier gehe es schneller, aber das glaube ich jetzt nicht mehr. Ich stehe vor dem Computer und gebe die Daten ein, die er von mir verlangt. Er verlangt zu viel. Die Adresse des Hotels? Ich habe kein Hotel. Ich wohne bei Scarlett. Ihre Adresse habe ich allerdings auch nicht. Und keine Telefonnummer. Ich habe nur einen vor drei Tagen abgerissenen Mailwechsel mit ihr. Sie schickt mir einen Fahrer, weil in Kathmandu Adressen nichts nützen, schrieb sie, und das war der letzte Stand der Dinge. Sie war in London und wollte zwei Tage vor mir los. Seitdem habe ich nichts mehr von ihr gehört. Vielleicht ist sie gar nicht geflogen, vielleicht hat sie ihr Haus in Kathmandu nicht wieder- oder ganz anders vorgefunden, als sie es vor Monaten verließ, vielleicht hat sie auch keine Lust mehr auf mich oder generell auf Besuch, sie ist Wassermann, wie ich, bei uns weiß man selten, was als Nächstes passiert. Für Antworten wie diese gibt es auf dem Monitor des Visacomputers kein Kästchen und auch keine Möglichkeit, sie zu formulieren. Hinter mir wächst die Schlange.

Aufgeben. Wie schön wäre es jetzt, sich einfach umzudrehen und nach Haus zu gehen. Ich bin zu alt für diesen Scheiß und für den, der noch kommt. Überschwemmungskatastrophe im Süden, 1800 Tote, weggeschwemmte Straßen, halb Nepal ohne medizinische Versorgung, ein Land im Ausnahmezustand, nur Kathmandu funktioniert noch halbwegs normal, was aber auch kein Trost ist, denn normal heißt hier: Staus, Smog, Schlamm und Pfützen. Und jede Menge Unfälle. Schreibt unser Auswärtiges Amt. Es empfiehlt, Nepal derzeit zu meiden oder nur nach Kathmandu zu reisen, wenn es wirklich zwingend ist.

Wie zwingend ist das Mantra gegen die Angst? Wie zwingend ist der Yogi Kashinath? Wie zwingend ist mein Aufbruch in die Freiheit? Wie zwingend ist mein nächstes Buch? Und wie zwingend ist noch dazu der Augenblick? Soll ich zur Seite treten, mich in irgendeine Ecke setzen und so lange weinen, bis mich die Putzfrau nach draußen fegt?

Was machen sie eigentlich mit den Visa? Was erhoffen sie sich davon? Mehr Informationen, mehr Kontrolle, mehr Sicherheit? Ich glaube, das alles interessiert sie einen Dreck. Sie wollen Geld. Und ich gebe es gern einem der ärmsten Länder der Welt, auch ohne den Stress am Automaten oder in den Botschaften, einfach so, 40 Dollar für 30 Tage, cash auf Tatze und Namaste. Was tut weniger weh? Korruption oder Bürokratie? Teufel oder Beelzebub? Terror oder Anarchie? »Man muss den Einzelfall prüfen«, sagt mein neuer Freund dazu.

Ich treffe ihn, als ich mit allem durch bin und vor dem Flughafen stehe. Freund ist natürlich übertrieben, Schicksalsgenosse stimmt. Sein Fahrer ist wie meiner nicht gekommen. Seiner, weil ihm auf der Fahrt zum Flughafen der Wagen zusammenbrach und erst ein neuer organisiert werden muss, von meinem Fahrer weiß ich nichts. Keinen Namen, keine Nummer, und ich weiß auch nicht, sollte er doch noch kommen, was er von mir weiß. Hat ihm Scarlett ein Schild mitgegeben, auf dem mein Name steht? Und wenn ja, welcher? Helge? Tim? Mein Familienname? Kennt sie den überhaupt? Oder hat sie ihm nur gesagt, der Typ sieht aus wie Jesus, aber dicker?

Das Wetter: kein Regen, aber auch keine Sonne und kein noch so flüchtiger Ausblick auf die Gipfel des Himalaja. Die Berge sind über den Wolken, darunter sehe ich im fahlen Morgenlicht auf Taxischrott, eine nasse Fahrbahn, und ab der anderen Straßenseite beginnt viel Lehm. Wäre ich auf einem Acker gelandet, würde es ähnlich aussehen. Nachdem alle anderen Passagiere irgendwie abgeholt und abgerollt waren, blieben da nur noch ich und dieser gut gekleidete Herr mit den freundlichen Augen, und so kamen wir ins Gespräch. Er ist Nepali, lebt in Washington, und seine Branche ist »Energie«. Er elektrifiziert die dunklen Flecken der Erde. Mal in Pakistan, mal auf Kuba, auch hier in Nepal. Ich weiß noch nicht und werde es vielleicht auch nie in Erfahrung bringen, ob als Wissenschaftler, Ingenieur oder Manager, aber er ruht in der Ausgeschlafenheit der Businessclass. Da ruhe ich nicht. Ich bin ein Economy-Schriftsteller.

Aber immerhin.

Ob groß oder klein, alt oder jung, klug oder dumm, arm oder reich, schwarz oder weiß, Mann oder Frau, ob Kapitalist, Kommunist, Anarchist oder Monarchist, gläubig oder Nihilist, Feigling oder Held, egal, es ist immer dasselbe. Wie beim Diesel. Dass ich Bücher schreibe, bringt die Leute zum

Vorglühen, und sobald sie erfahren, dass ich davon leben kann, springt ihre Zündung an. Das ist mehr als Interesse, sogar mehr als Respekt. Das ist schon Liebe. Wollte ich deshalb seit frühester Kindheit Schriftsteller werden? Dann habe ich meine Zeit verschwendet. Wer sich nicht selbst lieben kann, ist wie ein schwarzes Loch, in dem alles Licht verschwindet. Aber praktische Vorteile hat das Ansehen meines Berufs natürlich ohne Ende.

In fast regelmäßigen Intervallen kommen Taxis vorbei, um uns abzufischen, und auch neben uns stehen Männer mit Pappen in der Hand, auf denen »Pilgrims Inn« oder »Buddha Lodge« zu lesen ist.

Ich glaube nicht mehr an Scarletts Fahrer. An die Verheißungen der Pappen glaube ich aber auch nur bedingt. Deshalb frage ich den nepalesischen Energieexperten aus Washington, ob er mich mit zu seinem Hotel nehmen kann, sobald sein Wagen gekommen ist, und er sagt Ja. Es wird ihm eine Freude sein. Und er will versuchen, dass auch ich ein Zimmer zum verbilligten Preis bekomme, wie er und die anderen Teilnehmer der Energiekonferenz, für die er hierhergeflogen ist.

»Sind Sie zum ersten Mal in Nepal?«, fragt er.

»Zum zweiten Mal. Vor 15 Jahren bin ich mit einem Yogi im Annapurna-Massiv unterwegs gewesen. Bis Muktinath.«

»Oh, ich war auch in Muktinath.«

»Als Pilger?«

»Nein, wir haben die heiligen Quellen nützlich gemacht. Das Wasser verrohrt, damit es Turbinen antreiben kann. Seitdem haben sie im Dorf Strom.«

Und ich wunderte mich damals, warum das Wasser, unter dem sich Kashinath die Sünden abwusch, aus Rohren sprudelte. Sie ragten ein paar Zentimeter aus dem Berg heraus. Und es sah etwas unheilig aus.

»Aber Turbinen brauchen sie heute nicht mehr. Inzwischen haben sie Masten da oben und sind voll elektrifiziert. Und es gibt auch eine Straße nach Muktinath. Sogar einen Helikopter-Shuttle. Sie können von Pokhara direkt bis zu den Quellen fliegen. Wollen Sie das?«

»Nein, ich will nur den Yogi wiederfinden. Er hat mich sehr fasziniert.«

»Was war seine Philosophie?«

»›I'm ready for everything.‹«

Der Nepali lächelt. Das kann ich so oder so verstehen. Um sicherzugehen, dass er mich nicht für leichtgläubig hält, erzähle ich ihm, a) wie ich diesen Satz interpretiere und b) wie der Yogi gecheckt wurde. Zu a: Bereit für alles zu sein bedeutet, keine Angst mehr zu haben, und wer keine Angst hat, keine einzige, auch nicht die klitzekleinste, ist frei, und wer frei ist, hat alle Kräfte, die von der Angst absorbiert werden, zur freien Verfügung. Um, zum Beispiel, noch tiefer in die Angstlosigkeit zu gehen. Zu b: Am Ende unserer Wanderschaft flogen wir von Jomson nach Pokhara zurück, und die Maschine wäre auf ihrem kurzen Flug drei Mal fast abgestürzt. Es war ziemlich krass. Beim ersten Mal lachten noch einige der etwa 30 Passagiere, beim zweiten Mal nicht mehr, und beim dritten Mal war die Hölle los. Panik. Alle schrien in Todesangst, auch ich, nur der Yogi neben mir blieb so tiefenentspannt mit allem einverstanden, wie ich ihn seit zwei Wochen erlebt hatte.

»Welche Fluggesellschaft war das?«

»Shangri-La Air.«

»Aber die ist doch wirklich abgestürzt.«

»Ja, ein Jahr später. Ich habe die Fotos von der zerschellten Maschine in den Zeitungen gesehen. Sie können mir glauben, das war unheimlich.«

Sein Fahrer ist da.

Die in den Reisewarnungen des Auswärtigen Amtes beschriebenen Straßen von Kathmandu sind leider schlimmer als beschrieben. Das liegt, glaube ich, nicht an den mangelnden Fähigkeiten des Verfassers, sondern daran, dass sie unbeschreiblich sind. Das Hotel befindet sich etwa zehn Kilometer außerhalb der Metropole, aber wir sind noch immer in einem Randbezirk und nicht etwa in der Wildnis. Auf einer der Hauptverkehrsadern der Stadt quälen wir uns im Schneckentempo über eine eigentlich unbefahrbare Piste, aber alle befahren sie. Alle gegen einen und einer gegen alle. »No rules«, sagt der Fahrer. Jeder nutzt seine Chancen, obwohl keiner eine hat. Schlaglöcher, Mulden, Querrinnen und Gräben lösen sich quasi ohne problemfreie Übergänge ab, und alle sind mit schlammigem Wasser gefüllt, man sieht nicht ihre Tiefen. Was vom großen Erdbeben übrig blieb, wird nun vom Monsun gefressen.

Dass der erste Wagen für meinen Flughafen-Freund zusammenbrach, wundert mich jetzt kein bisschen, mich wundert nur, dass der zweite noch fährt. Unermüdlich arbeitet die Straße an seiner Ruinierung, die Stoßdämpfer sind, wie mir scheint, schon weg. Es schockiert mich nicht, es belustigt mich eher, aber als ich spüre, dass meine Bandscheiben nun die Stoßdämpfer sind, erkenne ich den Ernst der Lage. Es braucht ein neues Reisekonzept. Über diese Straßen kann ich auf meiner Suche nach Kashinath nicht lange fahren. Und gehen auch nicht. Es regnet grad nicht, aber fast wünschte ich es, damit der Regen die Luft rein wäscht. Die Fenster unseres Kleinwagens sind geschlossen, und die Aircondition ist an, darum rieche ich den Smog nicht. Ich kann ihn nur sehen. Das ist nicht schön. Eine Welt ohne Licht, und auch die Farben haben gegen das Grau verloren. Die Reklameschilder der Läden, Werkstätten und Chaibuden knallen nicht mehr, den Saris der Frauen ist der Zauber genommen, das bunte Asien ist weg. Auch das Lächeln ist verschwunden. Jeder Zweite trägt eine Atemmaske aus einem dünnen weißen Stoff oder hat einen Schal um Mund und Nase geschlungen. Und wer darauf verzichtet, schaut so traurig aus der Wäsche wie die Frau, an der wir gerade vorbeifahren, eine junge, schöne Frau mit ihrem Baby im Arm. Vielleicht ist es auch ihr Mann, der sie traurig macht, oder jemand ist gestorben, es gibt viele Gründe, warum eine junge Mutter schlecht drauf sein kann, aber für mich ist das ein Smog-Gesicht.

Wir fahren über eine Brücke, unter der ein dunkler Fluss Abwasser und Unrat transportiert, danach sind wir nicht mehr in Kathmandu, und die Straße wird noch schlechter, aber auch grüner zu beiden Seiten. Da ist ein Wald, es stellt sich heraus, dass er zum Hotel gehört. Ein Schlagbaum öffnet sich, ein Wachmann salutiert. Es geht bergauf, die Straße wird gut, von dem Horrorverkehr ist nichts mehr zu sehen. Nur noch Bäume und hier und da Orchideen. Ich wusste es. Mein Flughafen-Freund ist eine Qualitätsbekanntschaft. Er führt mich an genau den Ort, den ich jetzt brauche. Das Hotel hat fünf Sterne und eine zehn Kilometer lange Golfwiese.

»Namaste.«

Die Empfangsdame schmilzt dahin vor Freude, ihren Job machen zu dürfen. Synchron dazu schmilzt der Preis für mein Zimmer. Von 250 auf 150 Euro in maximal 60 Sekunden. Aber es ist in einem Nebengebäude, und der Weg dahin ist manchen Gästen zu weit. Darum ist es billiger. Spricht sie von Trekking? Nein, von etwa 200 Metern. Es wird ein schöner Spaziergang durch die kultivierte Natur des Himalaja in 1400 Meter Höhe. Ein paar Äffchen und der Page begleiten mich. Aber nicht nur der Weg, auch das Ziel lohnt sich. Ein Fünfsterne-Reiseschriftstellerzimmer, mit hohen Wänden, vielen Fenstern, großem Bett und einem Schreibtisch, dem zuzutrauen wäre, dass er ein Buch selbst verfasst. Man braucht nur Platz zu nehmen, und aus dem Holz steigen Sätze empor.

»Darf ich rauchen?«

»Natürlich, Sir«, sagt der Page.

Endlich im Internet, endlich Scarlett. Zwei Mails. Das von vorgestern schrieb sie in der Transithalle von Neu-Delhi und ist wenig hilfreich im Moment, denn sie schwört darin, dass der Fahrer am Flughafen sein wird, doch das Mail von gestern kommt der Wahrheit näher. Nach dreimonatiger Abwesenheit habe ihr Haus sie in einem totalen Chaos empfangen, und es sei vielleicht besser, ich würde für die erste Nacht ein Hotel nehmen. »Ruf mich an.« Und endlich ihre Telefonnummer.

»Hi, Helge.«

»Hi, Scarlett.«

»Wo bist du?«

»Im Gokarna Forest Resort.«

»Oh, das ist wunderbar.«

»Ja.«

»Komm heute Abend zu mir. Wir gehen mit Freunden essen. Nein, besser, du kommst schon etwas früher. So um fünf oder sechs.«

»Gern. Und schickst du mir wieder einen Fahrer?«

»Oh, Helge, so sorry ...«

Erleichterung macht sich breit. Das Wichtigste ist geregelt, und mir bleibt genug Zeit. Als Erstes brauche ich Kaffee und Spiegeleier, dann einen Spaziergang durch das Resort und seine halbwegs frische Luft, vielleicht auch eine Massage oder ein paar Runden im Pool. Was ich aber auf keinen Fall gebrauchen kann, ist das wunderbare große Bett, zu dem es mich zieht wie einen Nagel zum Magnet. Wenn ich jetzt schlafe, bin ich heute Nacht wach. Dann schlafe ich morgen zu lang und krieg auch die nächste Nacht kein Auge zu, nein, den Jetlag sollte man in der ersten Runde ausboxen oder besser: ausschleichen. Wie auf Wolken wandeln und wie in Watte Platz nehmen.

Zurück im Hauptgebäude des Hotels, sitze ich unter den Arkaden des Innenhofs und schaue einem Soldaten zu, der mit seiner Zwille einen Affen vertreibt. Meine Spiegeleier habe ich bereits gegessen, ich trinke Kaffee, rauche und warte auf meine Seele. Man sagt, sie hinkt bei langen Flügen dem Körper etwas hinterher. Stattdessen kommt der Energie-Nepali zu mir an den Tisch.

»Haben Sie ein gutes Zimmer bekommen?«

»Ja, und auch für Ihren Preis. Vielen Dank noch mal. Es ist wirklich ideal. Groß, hell, und vom Balkon sehe ich in den Wald.«

»Sie wissen, dass Sie die Fenster und Türen immer geschlossen halten müssen?«

»Nein, warum?«

»Sonst kommen die Affen rein. Und haben Sie etwas dagegen, wenn ich mich zu Ihnen setze?«

Ich bin froh, dass er wieder da ist, aber vielleicht auch ein bisschen zu müde für seine Intelligenz. Doch er ist genauso müde wie ich und verfolgt denselben Plan. Wach bleiben bis zum Abend, das heißt Kräfte sparen. Wir wollen also das unangestrengte Gespräch und sprechen über Maoisten und Touristen. Er sagt, bis zum Ende des Bürgerkriegs und ihrem Einzug ins Parlament hätten die Maoisten Zehntausende Menschen umgebracht. Darunter war aber nicht ein Tourist. »Niemand erschießt gern seine Milchkuh«, sage ich, und er stimmt dem zu. Der Tourismus ist die wichtigste Einnahmequelle Nepals. Auf den König können sie verzichten, aber nicht auf den Gast. Das große Erdbeben und seine noch immer nicht behobenen Folgeschäden hätten das Land an den Rand des Ruins gebracht, erklärt der Nepali, die Besucherzahlen seien zunächst auf 300 000 jährlich gesunken, aber inzwischen, Gott sei Dank, wieder auf 500 000 gestiegen. Was ihn erleichtert, schockiert mich.

»Ich war neulich in Saint-Tropez. Der Ort hat etwas mehr als 4000 Einwohner und fünf Millionen Touristen im Jahr.«

»Ich weiß, was Sie meinen«, sagt er und senkt den Blick.

Verliert er jetzt etwa das Gesicht? Das muss er nicht. Nepal ist arm, er nicht. Er lebt in Washington, hat schöne Töchter und bringt Licht in die Welt. Und ich? Sagen wir es mal so: Ich suche den Yogi Kashinath. Kashi heißt Licht, und Nath heißt Stadt. Auf 'ne Art sind mein neuer Freund und ich in derselben Branche. Einer für draußen, einer für drinnen. Gemeinsam gegen die Dunkelheit. Aber ich mache einen Fehler. Ich frage ihn nach dem Thema seiner morgigen Energieexpertenkonferenz, und als er antwortet, wird es zu kompliziert für meine Schwerhörigkeit. Hellwach wäre das kein Problem, aber hellwach war vorvorgestern. Wenn ich mein Gegenüber nicht schon beim ersten unverstandenen Satz unterbreche, mache ich das auch beim zweiten und dritten nicht, und ab dem fünften wäre es endgültig peinlich, sich ihm zu offenbaren, weil es das Geständnis beinhalten würde, dass man seine Zeit verschwendet hat.

Deshalb gebe ich mich weiter dem wohligen Gefühl hin, müde einer Stimme zu lauschen, die wie Hintergrundmusik funktioniert. Ich habe das mittlerweile so perfektioniert, dass man glauben könnte, dem besten Zuhörer der Welt begegnet zu sein. Einem, der nichts versteht, aber ständig nickt. Der Nepali macht eine Pause und schaut mich an. Ich nicke. Vielleicht ist es auch keine Pause, sondern das Ende seines Vortrags. Ich nicke. Nein, es war doch eine Pause, er redet weiter. Aber nur kurz. Dann schaut er mich wieder an. Ich nicke. Weil er weder erneut zu sprechen beginnt noch den Blick von mir nimmt, nicke ich ein weiteres Mal, und jetzt hat er mich durchschaut. Seine Pupillen ziehen nach oben, seine Augen werden kalt. Er wendet sich ab, und es tut mir leid, wie jedes Mal, wenn ich zu spät verstehe, dass mir Fragen gestellt wurden, die man nickend nicht beantworten kann. Dafür hätte es eine nachdenkliche Gestik gebraucht, die Abwägen vortäuschte, und auch diese durchaus sympathische Zögerlichkeit, These und Antithese unverzüglich der Synthese zuzuführen.

Wie zu erwarten war, verabschiedet er sich nun bald und wünscht mir einen guten Tag, den ich wunschgemäß im Tal der Könige in Angriff nehme. Es war ihr Jagdrevier, von alters her. Ein gemütlicher Weg führt zu ihm hinab. Eingebettet zwischen bewaldeten Hügelketten, ist es jetzt der größte Golfparcours Asiens. Wie ein breiter grüner Fluss liegt ein Teilabschnitt der perfekt gemähten, zehn Kilometer langen Wiese unter mir. Kein Mensch, kein Affe ist auf ihr zu sehen. Das beflügelt meine Fantasie, in der weder Golfspieler noch jagende Könige eine Rolle spielen, sondern Krishna, der Gott der Liebe, der dort unten mit seinen Groupies und zahmem Rotwild spazieren geht.

Zurück auf den Straßen Kathmandus, ist das Taxi, das mich zu Scarlett bringt, in einem schlechteren Zustand als der Wagen meines Ex-Flughafen-Freunds, er ist auch kleiner und bescheidener ausgestattet, und sollte es mal Haltegriffe für die Passagiere neben der Rückbank gegeben haben, sind sie längst abgerissen. Es würde mich nicht wundern, wenn von der Klapperkiste alle 20 Meter etwas abfiele, eine Reifenkappe hier, ein Kotflügel da, bis am Ende nur noch ein Skelett mit Fetzen der Karosserie übrig bliebe. Aber all das passiert nicht. Es gibt anscheinend zwei Möglichkeiten, was die Schlaglöcher von Kathmandu mit Kleinwagen machen. Entweder sie zerlegen sie, oder sie rappeln, stauchen und schlagen das Fahrzeug in einer Art und Weise zusammen, dass eine Bergziege draus wird. Hinten ist das nicht mehr länger auszuhalten, darum steige ich nach vorne um. Jetzt habe ich wieder einen Haltegriff über der Seitentür und mehr Beinfreiheit, bin aber auch dem Husten des Fahrers näher. Er hustet durchgehend. Nur weil ich ein Hypochonder bin, heißt das nicht, dass der Typ keine Tuberkulose hat. Derzeit hustet er in mein Handy, denn am anderen Ende der Leitung beschreibt Scarlett ihm den Weg zu ihr. Das dauert, weil er so viel hustet, und das Roaming geht dabei vermutlich über die Schweiz.

Wir sind mittlerweile in ihrem Stadtteil. Er heißt Bodnath, und die Straße, auf der wir unser Glück versuchen, heißt Bodnath Main Street. Auch sie ist nicht besonders attraktiv. Was das Erdbeben zerstört hatte, wurde zwar wieder aufgebaut, aber anders als vorher. Auch mit anderen Materialien. Alles in allem sieht es deshalb zu beiden Seiten der Bodnath Main Street nicht mehr so aus wie in der märchenhaften Hauptstadt eines Himalaja-Königreichs, sondern wie in jedem Drecksloch Asiens, aber immerhin herrscht in den Geschäften die Warenwelt der Gegenwart, auch wenn die Straße selbst stur im vorindustriellen Zeitalter verbleibt. Doch mein Fahrer ist ein guter Mann. Er findet die kleine Nebenstraße, in die er einbiegen soll, und quält uns durch den Schlamm. Dann bleibt er stehen und ruft noch mal an. Gleich darauf kommt ein gut aussehender Nepali um die dreißig zum Taxi und nimmt mich mit einem ehrlichen Lächeln in Empfang. Er ist keine Ausnahme in diesem Land. Im Gegensatz zu Thailand, wo das Lächeln alles oder nichts bedeuten kann, in der Regel aber nichts, lächelt in Nepal der Unfreundliche nicht.

»Namaste«, sagt er.

»Namaste«, sage ich. »Sind Sie Scarletts Fahrer?«

»Nein.« Er lacht. »Ich bin ein Freund. Ich nutze ein Zimmer in ihrem Haus als Büro. Kommen Sie, ich bringe Sie zu ihr.«

Vorher handelt er den Preis fürs Taxi von 600 Nepalesischen Rupien auf 500 herunter. Das tut mir ein bisschen leid, weil der Fahrer noch immer hustet und 600 Rupien nicht mehr als 4,80 Euro sind. Ich bin in keiner Non-Governmental Organization, und ich spende auch nie etwas für die Armen dieser Welt. Das ist mir zu anonym. Für bürokratisierte Ablasszahlungen gegen das schlechte Gewissen fehlt mir ein Organ, was nicht heißt, dass ich herzlos bin. Es ist nur so, dass mein Mitgefühl den Vollkontakt braucht. Dann aber gebe ich nicht nur gern, sondern auch gern zu viel. Zu hohe Trinkgelder, zum Beispiel, können durchaus die Lebensqualität des Beschenkten versauen, weil er enttäuscht sein wird, wenn das nicht ständig wieder passiert. Und einen unkorrekten Preis aus Mitleid zu akzeptieren, obwohl ein Verbündeter bereits daran arbeitet, ihn auf das landesübliche Niveau zu regulieren, ist auch keine gute Tat, weil der Helfer dann das Gesicht verliert. Außerdem ist »wir helfen« grundsätzlich etwas anderes als »wir lassen uns verarschen«.

Zufrieden mit seinen 500 Rupien, hustet mein Taxifahrer von dannen, während wir durch ein paar Pfützen auf ein Tor zugehen, hinter dem die Welt schlagartig in Ordnung käme, wenn der Smog nicht wäre. Ein Vorhof, ein Garten, Bäume, Blumen, gemähter Rasen, und in der Mitte dieser kleinen Oase ein bezauberndes, aber vor allem solides zweistöckiges Haus mit überdachter Veranda und Balkonen. Wir gehen rein und die Treppe nach oben. Zwei offene Türen. Die rechte führt in das Büro des Nepali, die linke zu meiner allerbesten Freundin.

Scarlett ist eine Misch-Ethnie. Das kann gut gehen, muss es aber nicht. Man stelle sich vor, sie hätte von dem britischen Anwalt das Aussehen und von der indischen Tänzerin die intellektuellen Kapazitäten geerbt. Glücklicherweise verhält es sich umgekehrt. Von beiden nur das Beste, und davon reichlich. Von ihrem Vater hat sie den IQ, den Humor und wahrscheinlich auch die Unmoral, von der Mutter die Schönheit, Anmut und Empathiefähigkeit. Dazu kommt die tiefe Verankerung in zwei großen Kulturen. Kindheit in Indien, eingeschult in London. Materiell und spirituell ist sie bestens aufgestellt. Sie kann denken, und sie kann meditieren. Sie kann sogar schreiben. Weil sie, wie ich, in den 60er-Jahren pubertierte, ist sie, wie ich, ein Hippie geworden und, wie ich, über Land nach Indien gefahren, auch hat sie schnell kapiert, dass Journalismus Reisen finanziert. Alles wie ich, trotzdem kreuzten sich unsere Wege erst, als wir so um die 50 waren. Bis dahin gab es nur einen gemeinsamen Freund, der mir manchmal von ihr erzählte. »Ich kenne einen Menschen, der ist du als Frau.« Und ihr erzählte er den umgekehrten Sachverhalt. Erst beim Kumbh Mela 1999 war es so weit. Das größte Fest der Hindus, zu dem alle zwölf Jahre über zehn Millionen Inder in die am Fuße des Himalaja liegende indische Stadt Haridwar pilgern, war für sie wie für mich ein Pflichttermin der klassischen, großen Reisereportage, und weil alle Journalisten im Hotel Ganga View abstiegen, konnten wir uns nun nicht mehr verpassen. Der heilige Fluss Indiens stand dem Beginn einer großen Freundschaft Pate. Das daraus nicht eine große Liebe oder eine schlechte Affäre wurde, hatten wir unserem Beziehungsmuster zu verdanken, das sich ebenfalls wie ein Ei dem anderen gleicht und nur jüngere Sexualpartner akzeptiert.

Und da ist sie. Halb indisch, halb britisch und mit neuer Frisur. Na ja, was heißt neu? Wir haben uns sieben Jahre nicht gesehen. Oder zehn? Und wo zuletzt? In ihrer Wohnung in Neu-Delhi? In Marokko? In Brighton? Ich könnte das auf Anhieb nicht beantworten. Aber sie ist schon wieder jünger geworden. Nur kleine Freundschaften muss man pflegen. Große stecken kargen Mailverkehr, und auch den nur sporadisch, locker weg. Nach einer Begrüßung, die ausfällt, als hätten wir uns erst gestern gesehen, halten wir mit Kaffee und im Stehen eine kleine Küchenkonferenz ab. In drei Tagen fliegt sie nach Bangkok und von dort nach Australien. In einem Monat kommt sie zurück. Solange kann ich hier alles haben. In der Zeit, die bis zu ihrem Abflug verbleibt, muss sie mir das Haus erklären und ein ernstes Gespräch mit mir über das Bücherschreiben führen.

»Aber als Erstes brauchst du ein zweites Handy mit einer nepalesischen Nummer«, sagt Scarlett. »Niemand ruft hier eine Schweizer Nummer zurück.«

»Und ich brauche einen Übersetzer oder eine Übersetzerin.«

»Na klar, wer braucht das nicht. Ich kümmer mich drum. Und wir müssen wirklich übers Schreiben reden, Helge, ernsthaft.«

»Gern, Scarlett, aber nicht heute.«

»Nein, heute gehen wir essen und haben es nett. Ach ja, dein Zimmer.«

Sie zeigt es mir. Ein großes Bett, ein großer Schreibtisch, zwei Fenster mit Holzlamellen, Blick in den Garten. Fast bereue ich es, nicht heute schon darin zu schlafen, aber wirklich schlimm ist das nicht, denn ich weiß nun, dass alles gut wird.

Noch besser wird es auf den kleinen Wegen, die backstage von der Hauptstraße kreuz und quer durch ihr Viertel führen. Keine Autos, kaum Motorräder, fast nur Fußgänger, viele Tibeter, die meisten entspannt. Mal wenig Licht, mal gar keins, und dann, ohne Vorwarnung, denn ich denke, wir gehen nur zu einem Restaurant, ist Schluss mit der Dunkelheit, und wir stehen vor der Stupa von Bodnath im vollen Lichterglanz. Das Mekka der Buddhisten, wie eine Pyramide gebaut. Seit Jahrhunderten pilgern die Gläubigen aus allen Provinzen des Landes, aber auch aus Tibet und mittlerweile der ganzen Welt an diesen Ort, um ihn im Uhrzeigersinn zu umrunden und dabei Mantras zu murmeln. Sie murmeln im

Gehen, sie murmeln im Stehen, sie murmeln im Sitzen, man kann sich diesem Murmeln nicht entziehen. Und ich bin sofort gut drauf.

Um den breiten Pfad der Murmler zieht sich ein noch breiteres Rund, auf dem die Menschen einfach nur bummeln, plaudern, rauchen oder sonst was tun, und da herum, auch fast rund, liegt die Häuserfront mit ihren Devotionaliengeschäften, Souvenirshops, Reisebüros und Restaurants. Scarlett führt mich ins La Casita, ein spanisches Lokal, in dem die Chefin spanischer als die Speisekarte ist, obwohl sie sich Moon nennt, so wie der Mond, der heute fast voll über der Stupa thront. Von der Terrasse im zweiten Stock haben wir einen Logenblick auf alles. Der Rotwein kommt. Außer Moon sind noch ein in Kathmandu lebender englischer Teppichhändler und zwei junge Portugiesen mit zu Tisch, wir ruhen in orientalischen Polstern, Scarlett stellt mich vor.

»Helge ist fast taub. Ihr müsst laut mit ihm reden.«

»Nein«, sage ich, »nicht laut. Nur langsam und deutlich.«

»Ich weiß, wovon du sprichst«, sagt der Teppichhändler. »Ich habe dasselbe Problem.«

Wie viele in meinem Alter. Allerdings ist er zehn Jahre jünger als ich. Aber er war mal Musiker, und der Rock 'n' Roll hat ihm auf die Ohren gehauen. Trotzdem versteht er mich viel besser als ich ihn, weil mir bei ihm das Lippenlesen auch nichts bringt. Ich habe das nie bewusst gelernt, nur nebenher, eigentlich automatisch, erst während einer Reportage über eine Hüftgelenkoperation bekam ich mit, wie sehr ich bereits ein Lippenleser geworden war, denn alle Ärzte und Assistenten, mit denen ich sprach, trugen Mundschutz. Ich verstand nichts, absolut nichts, und sie konnten das Nichts so oft wiederholen, wie sie wollten, es blieb beim Nichts. Seitdem weiß ich auch, warum ich bei deutschen Filmen die Dialoge verstehe und bei ausländischen nicht. Man wird verrückt, wenn man die Stimme des deutschen Synchronsprechers hört und dazu Lippen liest, die englisch sprechen, französisch, spanisch, italienisch, was weiß ich. Darum sehe ich so gern Actionfilme, da kriege ich alles mit. Der englische Teppichhändler aber trägt weder einen Mundschutz, noch wird er synchron auf Deutsch übersetzt, sein Problem, oder besser, mein Problem ist, dass er einen Londoner Vorortdialekt spricht. Um den Fehler von heute Vormittag nicht zu wiederholen, warne ich ihn rechtzeitig.

»Ich werde lachen, wenn du lachst, und ernst schauen, wenn auch dir nicht nach lachen zumute ist, und wenn du dich mal aussprechen willst, super, ich habe überhaupt kein Problem mit langen Monologen, nein, wirklich, wir werden uns blendend verstehen, solange du keine Fragen stellst.«

Leider versteht nur Scarlett den Witz. Und weil sie weiß, dass es so immer am besten ist, führt sie weiterhin die Kommunikation und erzählt von meiner Mission. »Er sucht einen Yogi, den er mal vor 15 Jahren in Nepal kennengelernt und dann aus den Augen verloren hat, wie hieß er noch, ach ja, Kashinath. Kennt den hier irgendwer zufällig?«

Scarletts Witze verstehen alle. Aber sie hat ja recht. Mein Yogi ist ein Wandermönch, ein frei laufender Asket, ein Permanentpilger, der sein Leben damit verbringt, alle kleinen und großen heiligen Orte des Hinduismus abzuklappern, in Nepal wie in Indien, und wenn er damit durch ist, so erzählte mir Kashinath damals, will er sich zurückziehen. Die Höhle dafür hatte er bereits gefunden, aber er verriet mir nicht, wo sie ist.

»Mission impossible«, sagt Scarlett.

»Vielleicht auch nicht«, sagt Moon.

Ich kann mir denken, warum sie mir eine Chance gibt. Die spanische Chefin des spanischen Restaurants wurde von ihren spanischen Eltern sicher nicht Moon genannt, es ist also ein Künstlername oder ein spiritueller. Einen Künstlernamen aber braucht sie für ein Restaurant nicht, darum tippe ich auf Osho, früher Bhagwan, seine Schüler und Schülerinnen haben alle einen neuen Namen bekommen, und alle hören sich so schön wie Moon an. Wer einen Guru hat, versteht die Suche nach einem Guru, auch wenn sie irrational ist, dabei habe ich in Kashinath nie meinen Guru gesehen, niemals könnte ich seinen Weg gehen und will es auch nicht, ich sehe eher einen Freund und Bruder in ihm, der mir ein Geschenk machte, das sich als sehr wertvoll erwies.

»Was für ein Geschenk?«, fragt Moon.

»Ein Mantra.«

Auch das muss ich ihr und niemandem hier im Angesicht der Stupa von Bodnath und ihren Murmlern näher erklären. Alle wissen, dass ein Mantra kein Opel ist, Mantras sind Worte, die wirken. Nicht durch ihren Inhalt, sondern ihre Lautschwingungen. Sie massieren das Gehirn von innen, sie schwingen die Stressneuronen raus, andere machen das genaue Gegenteil und putschen auf, für jeden ist etwas dabei, sie haben sogar ein Mantra, um Tiger ruhigzustellen.

»Wirklich?«, fragt Moon.

»Das waren die Worte von Kashinath. Er sagte, es wirke bei allen Katzen. Auch bei den kleinen. Aber das habe ich nie gebraucht.«

Ich brauchte damals dringend ein Mantra gegen die Angst. Als ich Kashinath kennenlernte, war ich in einer schwierigen Phase. Ich wurde 50 und stand mit beiden Beinen fest auf den Scherben meines Lebens. Falsche Drogen, falsche Frauen und eine falsche Bewegung beim Anschieben eines Kleinwagens hatten meine Gesundheit, meine Finanzen, meine Karriere und mein Selbstvertrauen gründlich versaut. Die Kombination aus Pleite und Bandscheibenvorfall wäre noch zu meistern gewesen, aber freie Journalisten, die nicht mehr an sich glauben, sind in unserer Branche so begehrt wie Schmeißfliegen. Wenn du nicht an dich glaubst, warum sollen die andern es dann tun? Außerdem hatte ich Feinde.

»Unterm Strich kam Angst dabei heraus. Angst, so groß und schwer wie ein Mühlstein.«

Jetzt habe ich die volle Aufmerksamkeit von jedem hier am Tisch. Ich spüre es energetisch, kann es aber auch sehen. Allen wachsen die Ohren. Und dass nur ich rede, ist die klassische Win-win-Situation. Sie sind gut unterhalten, und ich verstehe endlich mal was.

»Die Angst sah jeder. Sie war in meinen Augen. Und wenn ich eine Sonnenbrille trug, verriet mich meine Stimme. Und wenn ich sie verstellte, verriet mich das auch. Die Angst ist ein großer Verräter. Sie trieb mich die Berge hinauf, und nach der Wanderschaft mit Kashinath war ich zwar schon ein bisschen besser drauf, aber er gab mir trotzdem das Mantra mit nach Haus. Kümmer dich nicht um deine Feinde, sagte er. Und benutz es, wenn du es brauchst. Dann wird alles gut, du wirst sehen.«

»Hat es geholfen?«, fragt Moon.

»Ja.«

»Wie?«

»Stell dir eine nervöse, zackige Stressschwingung im Gehirn vor. Sobald ich das Mantra murmelte, wurde zuerst ein glatter, flimmernder Strich daraus, und dann war auch der weg. Wie auf einem Bildschirm, der ausgeht.«

»Kannst du es uns verraten?«

»Nein, noch nicht. Deshalb bin ich hier. Ich will Kashinath fragen, ob ich es darf. Und ob ich es überhaupt richtig ausspreche. Er hat es mir ins Ohr geflüstert, und ich höre nicht gut, wie ihr wisst.«

Die Stupa, auf die wir währenddessen schauen, ist von Lichtgirlanden überzogen. Unten, bei den Murmlern, flackern die Butterkerzen, und Moons Terrasse leuchtet orientalisch. Der Abend ist grad wunderschön und Buddha präsent. Seine Augen sind in Wagenradgröße in der Mitte der Stupa angebracht und sehen uns direkt an. Der spanische Rotwein und die Pasta aglio e olio runden das Wohlgefühl ab, nur das Glas mit dem Wasser rühre ich nicht an.

»Du kannst es ruhig trinken«, sagt Scarlett. »Bei Moon ist alles sauber.«

Ich glaube das gern, was alles andere angeht, nur beim Wasser glaube ich es nicht. Es kommt aus der Leitung. Es würde mir noch heute Nacht sehr schlecht gehen, wenn ich es tränke. Das ist in Indien so, das ist in Nepal so, und es dauert bis zu zwei Wochen. »Filtert ihr es?«, frage ich Moon. Sie schüttelt den Kopf. Darum lasse ich auch die Finger von den Oliven. Denn womit sind die gewaschen? Keine Salate, kein ungeschältes Obst, kein Eis in der Cola, kein Eis im Whiskey, selbst die Zähne werde ich mir mit Mineralwasser putzen. Das erinnert Scarlett umgehend an ihr Schicksal.

»Er hat mal ein Buch über Indien geschrieben. Das erste Kapitel hieß ›Die Maus lebt im Wasserfilter‹. Das war mein Filter, in meiner Küche.«

Moon schaut sie erstaunt an.

»Stimmt das?«

»Natürlich nicht.«

Die alte Geschichte. Ich habe sie zur Gefangenen eines Buches gemacht, und darin steht, dass ein Nagetier ihr Wasser filtert. Scarlett trägt es mit Humor. Und so war es ja auch gedacht. Wann immer das Thema hochkommt, geht der Spaß von vorne los. Ich nehme die Nachhaltigkeit meiner Aussage zurück, indem ich sage, dass die Maus vielleicht nicht in dem Filter wohnte, sondern nur kurzfristig darin verschwand und dann vielleicht ertrank, und Scarlett sagt, Bullshit, das geht einfach nicht, die kann da nicht rein, und natürlich gibt ihr Moon recht, und auch alle anderen am Tisch, aber ein Restzweifel bleibt. Nur bei Scarlett nicht. Sie trank, nachdem ich ihr damals beim Frühstück von meinem nächtlichen Erlebnis in ihrer Küche erzählt hatte, sofort von dem besagten

Wasser und schmeckte keinerlei Maus-Aroma darin. Auch keine Tote-Maus-Geschmacksnote. Das gibt ihr die Sicherheit.

»Helge spinnt«, sagt sie.

»Wie schön«, sagt Moon.

Fürchtet sie, ein ähnliches Schicksal wie Scarlett zu erleiden? Oder erhofft sie es? Ich glaube nicht, dass sie einen Hypochonder über ihr Wasser berichten lassen will. Aber ich glaube auch nicht, dass sie glaubt, ich würde das tun, so nett, wie ich grad bin. Das ist der Trick der meisten Autoren. Erst am Schreibtisch zeigen sie ihr wahres Gesicht. Doch das weiß sie nicht und muss sie auch nicht wissen, ich würde es eh nicht tun, dafür ist Moon viel zu moon und das La Casita viel zu angenehm, sie hat hier einen wundervollen Platz zum Abhängen mit dem Erleuchteten geschaffen, dafür danke ich ihr. Und meiner besten Freundin bin ich dankbar, weil sie mich gleich am ersten Abend hergeführt hat. Auf Scarlett ist immer Verlass.

»Und jetzt bist du hier, um ein neues Buch zu schreiben?«, fragt Moon.

»Ja, aber heute komme ich erst mal an.«

Das ist ein bisschen unkorrekt. So wie alles ein bisschen falsch und ein bisschen richtig ist. Und dazwischen liegt ein weites Feld, wie Rumi sagt. In meinem Beruf gibt es kein Erst-mal-ankommen-und-dann-an-die-Arbeit. Es gibt auch keinen Feierabend, kein Päuschen zwischendurch, kein Wochenende, keinen Krankenstand, kein Blaumachen. Es gibt nicht mal den Dienst nach Vorschrift. Sobald ein Reiseschriftsteller den heiligen Boden seines Themas betritt, ist Schluss mit lustig. Durchgehend. Vom Start weg bis zur Rückreise ackert er sich durch sein Buch. Vielleicht geht er darin verloren, vielleicht kommt er wieder raus, vielleicht geht er den Weg der Helden. Ich erzähle der Runde gern davon.

»Seit Homer sind alle guten Bücher und seit ›Rocky I‹ alle guten Filme nach demselben archaischen Muster gestrickt.

Man nennt es den Mythos des Helden. Erst gammelt er rum, dann kommt die Aufgabe, und er geht los. Als Nächstes hat er es mit Prüfungen zu tun, eine schwerer als die andere, und wenn er sie besteht, fickt er die Prinzessin.«

»Und kriegt das halbe Königreich«, sagt Moon.

»Möglicherweise auch das ganze«, sagt Scarlett, »aber die Prinzessin fickt er auf jeden Fall. Es sei denn, er ist schwul. Dann ist der Prinz fällig.«

Scarletts britischer Humor in Kombination mit einer eigenwilligen Fastenkur, die Essen verbietet, aber Alkohol nicht, ist eine Oase in der Wüste meiner Ernsthaftigkeit. Bin ich wirklich hier, um von Kashinath für ein Buch über sein Mantra gegen die Angst autorisiert zu werden? Oder bin ich hier, weil ich hier sein wollte? Oder, auch das könnte ich mich fragen, bin ich hier, weil ich hier bin? Endlich wieder im Himalaja. Endlich wieder in Götternähe. Endlich wieder zu Haus. In der alten Heimat. Ich war jahrzehntelang davon überzeugt, die Gegend aus einem meiner früheren Leben wie meine Westentasche zu kennen, mittlerweile glaube ich nicht mehr an Reinkarnation, aber sobald ich hier bin, geht es wieder los. Ich will das nicht. Aber ich genieße das Gefühl.

Auf dem Rückweg zum Gokarna Forest Resort verstärkt es sich. In Bodnath klappt man früh die Bürgersteige hoch, es ist noch längst nicht Mitternacht, aber auf der Straße sind nur noch Hunde zu sehen. Menschenleer, kein Verkehr, ein Taxi und ich hintendrin. Für meinen Rücken ist das möglicherweise weiter schlimm, aber ich merke es nicht mehr so sehr, weil ich beschwipst bin. Der Rotwein federt die Schlaglöcher ab, das Heimatgefühl breitet sich wie eine Fruchtblase im Wagen aus, der Fahrer schweigt. On the road again. Und Feierabend. Nach einem erfolgreichen Tag. Ich habe Scarletts Hangout, morgen übernehme ich ihr Haus und das Personal, bis zu ihrem Abflug nach Bangkok sollte ich ihre komplette

Infrastruktur im Griff haben, inklusive einem Übersetzer oder einer Übersetzerin, und das kriegt sie mit Sicherheit hin. Peter Scholl-Latour sagte einmal, man solle im Alter nur in Länder reisen, in denen man Kontakt mit jemandem habe, der alle Kontakte habe. Er hatte ja so was von recht.

Weil wir die Einzigen auf der Straße sind, erreichen wir schneller als erwartet den Stadtrand von Kathmandu und halten nun auf das Tal der Könige zu. Die Nacht umarmt mich, und zum ersten Mal seit meiner Ankunft bereue ich den Zeitrahmen, den ich mir gab. Vier Wochen, nicht mehr. Danach habe ich in Deutschland jede Menge zu tun. Doch wie sich das grad anfühlt, könnte es sein, dass ich in einem Monat noch einen Monat bleiben will, mit der Option auf ein, zwei weitere, also open end, denn wenn ich Kashinath nicht in Nepal finde, muss ich nach Indien, und dann gnade Gott meinem Terminkalender. Vielleicht muss ich auf die Berge, vielleicht muss ich in den Dschungel, vielleicht muss ich in die Wüste. Möglich ist vieles, fast möchte ich sagen, alles; auch, dass ich ewig bleiben möchte, ist möglich. Und in der Lobby des Gokarna Forest Resort schmilzt dann die Empfangsdame der Nacht vor Freude dahin, mir zwei Budweiser besorgen zu dürfen.

2. KAPITEL

2. TAG IN KATHMANDU

Ich mache es wie gestern und übergebe dem Taxifahrer mein Handy, damit er Scarletts Anweisungen folgen kann, weil ich vergessen habe, dass gestern nicht dasselbe wie heute ist. Außerdem ist es ein anderer Fahrer. Er hat den Schädel glatt rasiert, nur in der Mitte wächst wie bei einem Mönch ein Stummelchen. Den Weg vom Hotel bis nach Bodnath schafft er mit Gott und weil es nur eine Straße gibt, aber als es mehrere werden, beginnen die Probleme. Die Ferngespräche mit Scarlett scheinen ihm nicht weiterzuhelfen, im Gegenteil, er kurvt nicht rechts, sondern irgendwo links von der Hauptstraße in einem komplett anderen Viertel herum. In Scarletts Gasse gab es kleine Geschäfte und lokale Infrastruktur, hier gibt es nur einstöckige Häuser, die den Eindruck von Hütten machen, und sonst gar nichts. Mein kleiner Taximönch führt inzwischen Dauergespräche mit Scarlett, die zunehmend ungeduldiger wird, denn jedes Mal, wenn er mir mal kurz das Handy gibt, höre ich sie lauter.

»Helge, wo bist du?!«

Woher soll ich das wissen? Und warum braucht es für das Gespräch zwischen zwei in Kathmandu lebenden Menschen, die beide dieselbe Sprache sprechen, einen Dritten, der a) fremd ist und b) einen Kater hat? Keinen schlimmen, kein Kopfweh, keine Vergiftung, keine Depressionen, nur mentale Schwächen und Blähungen.

»Bin ich das Orakel von Delphi?«, frage ich.

»Nein, aber ich dachte, du bist erfahren.«

»Ich gebe dir jetzt besser wieder den Nepali.«

»Nein, nein, nein!«

So geht das noch eine Weile, vielleicht auch länger, dann sind wir am Ziel. Meint der Fahrer. Ich meine das nicht. Ich meine, wir sind ziemlich weit weg von Scarletts Gästetoilette, zu der es mich mittlerweile ernsthaft drängt. Irgendwer wird mich abholen, vermutet der Fahrer in regelmäßigen Intervallen, und dazwischen erhöht sich der Druck. Ich würde jetzt gern auch jede andere Toilette nehmen, aber wir brüten an einer gottverlassenen Kreuzung lehmiger Straßen. Noch zweimal nötige ich ihn, Scarlett anzurufen, dann beschließe ich notgedrungen, endlich aus der Komfortzone der Geführten und Gefütterten herauszutreten, um den Weg selbst zu finden. Und das ist immer ein besonderer Moment.

Die Grenze zwischen Pauschal- und Individualtourismus ist deutlicher definiert als die zwischen einem Alleinreisenden und der autonomen Kampfeinheit. Natürlich geht es grad im Taxi nicht ums Überleben, aber weiß ich, ob meine Jogginghose von Adidas nicht nur schweiß-, sondern auch scheißdurchlässig ist? Deshalb sage ich dem Fahrer, er solle ab sofort nicht mehr auf Scarlett hören, und auch nicht mehr auf sich, sondern auf mich, auf mich ganz allein, und ich sage, wir bleiben hier nicht länger stehen und warten auf irgendwen, sondern fahren jetzt an der Kreuzung nach rechts, und dann werden wir weitersehen. Was sehen wir?

Bewusst sehe ich manchmal nichts von dem, was ich sehe, weil ich in Gedanken woanders bin. In der Vergangenheit, in der Zukunft, in Fantasien, Träumen, Trieben oder Transformationen zu einer Rechenmaschine. Wie viel Geld habe ich, wie viel brauche ich, und wie viel bleibt mir noch, wenn der Tag zu Ende ist. Oft bin ich auch in Texten, halb fertigen Sätzen, stockenden Übergängen und genauso oft in Dialogen mit an- und abwesenden Personen. Oder ich sehe nur Details, die mich faszinieren, auch Details, die mich gruseln, weil sie wie Schlüssel zu den Falltüren meiner Seele funktionieren. Die inneren Straßen haben nicht weniger schlammige Schlaglöcher, Mulden und Querrinnen als die äußeren, und noch dazu sind sie tiefer, die Brunnen des Schreckens, die einen verschlucken, sobald man hineinzuschauen gezwungen wird. Und all das trübt natürlich das bewusste Sehen. Das unbewusste nicht.

Solange sie geöffnet sind, arbeiten Augen wie eine Kamera, die nie abgestellt wird. Ihre Bilder lagern irgendwo in meinem Gehirn. Jede Straße, durch die ich fahre, hinterlässt eine Unzahl von unbewussten Informationen in mir, die mich unbewusst führen, wenn ich ein zweites Mal auf ihr unterwegs bin. Farben, Steine, Kisten, Fenster, irgendwas. So erreichen wir wieder die Bodnath Main Street, und so entscheide ich auch, dass es nun rechts auf ihr weitergeht, da sie nach links einen Hauch unbekannter aussieht. Und weil der Hauch des Unbewussten auch auf einer Mauer liegt, an der die kleine Straße zu Scarletts Haus abzweigt, kommen wir endlich an. Nun aber wird es peinlich. Hier haben wir schon einmal gestanden. Bei dem allerersten Stopp, den der Fahrer machte, um jemanden nach der Adresse zu fragen. Und mir kam die Ecke auch bekannt vor. Hatte mich nicht genau hier gestern dieser supernette nepalesische Freund von Scarlett empfangen? Ist das nicht der Eingang zu ihrem Haus? Und warum stieg ich vorhin nicht aus? Weil viele Ecken in Kathmandu so aussehen? Oder weil ein Bananenverkäufer, den mein Fahrer nach dem Weg fragte, erst geradeaus zeigte und dann mit dem Arm einen großen Bogen machte? Warum habe ich nicht mir vertraut, sondern ihm und der Dummschüssel, die weiterfuhr? Und die Antwort ist mittlerweile immer dieselbe: Ich war vorhin kein Reisender, sondern blowing in the wind.

Und was bin ich jetzt?

Ich stelle die Frage hintan, gehe auf Scarletts Gästetoilette und begleite meine Freundin danach zu ihrem Schneider. Es ist nicht weit, nur die kleine Seitenstraße hinunter und an der Bodnath Main Street ein paar Meter nach rechts. Für diese letzten Schritte setzt Scarlett ihren Mundschutz auf. Beim Schneider nimmt sie ihn wieder ab, obwohl sein Raum keine Außenmauer hat, nur ein großes Tor, das nach Feierabend wieder geschlossen wird. Er sitzt an seiner Nähmaschine quasi direkt an der Straße. Scarlett reicht ihm eine Jeans zur Sofortreparatur, es gibt ein paar Hocker, wir nehmen Platz. Mit uns wartet noch ein älterer Mann auf irgendwas, aber es kann auch sein, dass er auf nichts wartet, sondern einfach nur da ist. Ich beschließe, dasselbe zu tun. Da sein und auf die Straße schauen. Zwei kleine Mädchen spielen mit einem Hund. Eine Frau geht vorbei, bleibt stehen und beginnt, das Tier mit den Fingerspitzen zu streicheln. Die Frau scheint die Mädchen nicht zu kennen. Und keiner kennt den Hund. Kein schöner Hund und auch kein sauberer. Trotzdem sind sie lieb zu ihm. Und lieb zueinander. Ich habe seit meiner Landung eigentlich nur liebe Menschen getroffen. Selbst der Immigrationsoffizier, der die Pässe stempelte, hat dabei ein liebes Gesicht gemacht. Im Flughafen, im Taxi, im Hotel, und auch der Schneider und der Alte, der bei ihm abhängt, alle sind lieb.

Und atmen was?

Es ist kurz vor 18 Uhr. Rushhour in Kathmandu. Dieselwolken, Abgasnebel, Giftschlieren sättigen die Luft. Kann man sich daran gewöhnen? Meine Lunge sagt Nein. Sie will nicht atmen, aber weil sie muss, atmet sie nur das Nötigste und so flach es geht. Ich sehe das trotzdem entspannt. Ich muss ja nicht bleiben. Aber die kleinen Mädchen, die Frau, der Schneider und sein Freund kommen hier nicht raus. Und das sieht nicht gut aus. Ich sagte es ja schon. Die Farben sind weg sowie die Unschuld der Pfützen, in denen Motoröl schwimmt oder andere Flüssigkeiten, die pechschwarz sind. Eine unendliche Karawane verbeulten Blechs zieht vorbei, wer die Straße überqueren will, darf nicht nur nicht atmen, sondern auch ganzheitlich nicht zimperlich sein. Obwohl ich weiß, dass hier alle Opfer und Täter zugleich sind, tun sie mir leid. Die liebsten Menschen der Welt in dem giftigsten Smog, den ich je erlebt habe. Und ich war nicht nur in der Schweiz oder Baden-Baden, ich atmete sehr wohl auch schon in Shanghai und dem Bahnhofsviertel von Neu-Delhi Indiskutables ein, aber das hier, Gott ist mein Zeuge, ist das Ende der Fahnenstange.

Das ist Kali Yuga. Das Zeitalter der Finsternis. Es bringt Verfall und Verderben, weil die Geistesgifte Hass, Gier und Verwirrung das Regiment in den äußeren und inneren Welten übernommen haben. Die gute Nachricht ist, dass nach dem Kali Yuga das Satya Yuga beginnt, das goldene Zeitalter, in dem das Licht, die Liebe und das Wissen wieder gewinnen, aber in dieser Reinkarnation wird das wohl nichts mehr. Buddhisten und Hinduisten sind sich da quasi einig, nur bei der Frage, wie lange das Kali Yuga letztlich währt, machen sie Unterschiede. Die Hindus sagen 350 000 Jahre, die Buddhisten teilen nur 3000 durch vier und kommen so auf etwas weniger deprimierende Zahlen. Weil der Zyklus der Geschichte in vier Zeitaltern verläuft und alle 3000 Jahre ein neuer Buddha erscheint, der wieder mit der Dunkelheit

Schluss macht. Gautama wurde 563 v. Christus geboren, das heißt, wir haben nur noch ein halbes Jahrtausend Kali Yuga auf dem Zettel.

Die Jeans ist fertig.

Wir werden herzlich verabschiedet. Vom Schneider, seinem Kumpel, den kleinen Mädchen, dem Hund, eigentlich von allen. Ich weiß nicht, warum. Scarlett weiß es.

»Jeder liebt dich«, sagt sie.

Sie stellte das schon einige Male fest. Auf dem Basar von Haridwar, am Khan-Markt in Neu-Delhi, eigentlich immer, wenn wir durch eine indische Gasse gingen oder in einem kleinen indischen Chaihaus abhingen, jetzt liebt mich also auch jeder in Nepal. Ich registriere das nicht, weil ich es umgekehrt erlebe. Ich liebe jeden hier. Und so ganz stimmt das ja auch alles nicht.

»Ja, Scarlett, jeder liebt mich, bis auf die, denen es schwer auf die Nerven geht, dass mich jeder liebt.«

»Meinst du Kritiker?«

»Auch.«

Scarlett schenkt mir kurz einen Röntgenblick. Und ich weiß genau, was sie gerade denkt. Ist mein bester Freund erfolgreich, aber banal? Ist er ein Unterhaltungsschriftsteller? Dann fängt sie sich wieder. Und setzt sich die Smog-Maske auf, um die Überquerung der Bodnath Main Street zu überleben, ich halte nur die Luft an, und schon sind wir wieder zu Haus.

Was folgt, ist die Übernahme des Personals. Ihre Haushälterin heißt Sula. Sie wird so Mitte 40 sein, ist ein bisschen mollig und trägt ihre Schürze mit Stolz. Für eine britische Mam den Haushalt zu schmeißen gilt in Nepal als ehrenwert. Außerdem bringt es gutes Geld. Jeden Tag von zehn bis fünf, am Wochenende hat sie frei. Sula wird auch während

Scarletts Abwesenheit das Haus in Schuss halten, mein Bett machen und meine Wäsche waschen, aber sie wird nicht kochen. Scarlett betont den letzten Punkt, indem sie ihn wiederholt. »Sie wird nicht kochen, Helge!«

»Do you speak english?«, frage ich Sula.

»Very little.«

Das ist ideal. Auch für Scarlett. So kann sie offen sagen, was sie denkt. Und sie denkt, dass sie ihrer Haushälterin nicht so trauen kann wie ihrer Haushälterin in Neu-Delhi. Wie auch? Wer hielte dem Vergleich mit ihrer indischen Angestellten stand? Die war ein Geschenk des Himmels, ein Menschenjuwel, ich weiß, aber auch mit Sula werde ich klarkommen, denn Sympathie braucht, wie ihr Gegenteil, nur ein paar Sekunden. Aber ich kann Scarlett verstehen. Ich hatte auch mal Hauspersonal. Nicht in Asien, sondern im Orient. Eine Köchin, eine Putzfrau, einen Allesbesorger. Alle waren mir sympathisch, und alle haben mich beklaut. Weil ich nicht nur ein ewiger Hippie, sondern noch dazu ein ewig schuldbeladener Deutscher bin, hatte ich Verständnis für ihre ökonomische Situation und ließ es ihnen durchgehen, aber so tickt Scarlett natürlich nicht. Wer im Indien der Oberklasse aufgewachsen ist, nennt eine strenge Hand gegenüber dem Hauspersonal nicht kolonial, sondern normal. Ich sollte deshalb eher auf Scarlett hören als auf mein Gefühl. Und mein Gefühl sagt, Scarlett kommt langsam in das Alter, in dem es ihr schwerfällt, Frauen, die jünger sind als sie, zu mögen. Und das wird noch ein bisschen mehr fühlbar, als eine wirklich junge Tibeterin die Küche betritt. Noch dazu ist sie hübsch. Und spricht Englisch, wie du und ich.

»Das ist Nima«, sagt Scarlett. »Und das ist Helge.«

»Sie können mich aber auch Tim nennen«, sage ich.

»Tim ist einfacher für mich«, sagt Nima.

»Bullshit«, sagt Scarlett, »auf keinen Fall. Wie kommst du darauf? Tim ist furchtbar.«

»Es war mein Spitzname, als ich ein Junge war. Auf Reisen benutze ich ihn, weil den Namen jeder kennt und auch jeder aussprechen kann. Wie Nima schon sagte, er ist einfacher.«

»Das ist ein anderes Wort für gewöhnlicher. Du bist nicht Tim. Also, Nima, vergiss das bitte. Er heißt Helge.«

Nima vergisst es auf der Stelle.

Sie arbeitet nicht für Scarlett, sondern mit dem Mann, der einen Raum im Haus als Büro nutzt. Von mir erfährt sie, warum ich hier bin. Yogi suchen, Mantra checken, Buch schreiben, und ich sage es ihr ohne jegliche Sprachschwierigkeiten, auch ohne die über die reinen Englischkenntnisse hinausgehenden Probleme des intellektuellen Begreifens. Nima ist neugierig, und Nima ist intelligent.

Nima geht, der Gärtner kommt. Ein alter Mann mit Strohhut. Er spricht kein Wort Englisch und muss es auch nicht. Die Haushälterin ist seine direkte Vorgesetzte und ruft ihn bei Bedarf. Mehr Personal gibt es nicht. Der Punkt ist auf Scarletts To-do-Liste abgehakt, jetzt darf sie wieder packen, telefonieren, Post erledigen, und zu ihrem Reisebüro muss sie auch.

Ich liege den Rest des Nachmittages auf dem Bett und komme auf meine Frage zurück, die sich mir stellte, als ich vorhin das Taxi verließ. Was bin ich? Ein Penner? Oder ein alter Hase in der Grube? Ich habe keine Lust rauszugehen, und ich habe keine Lust, nicht rauszugehen. Ich könnte mich ja durchaus auch ohne Übersetzer schon mal im Pashupatinath-Tempel nach Kashinath umsehen. Ist das Arbeitsverweigerung? Oder Weisheit? Wenn du nicht in Form bist, lass es sein. Aber ich bin so oft nicht in Form. Und Weisheit fühlt sich anders an. Ist es Resignation? Werde ich alt? Bin ich es schon? Ein einfacher, klarer Gedanke beendet die Fehleinschätzung der Lage. Du bist nicht alt, faul und weise, sondern immer noch verkatert. Das muss man ausliegen. Sei ein

Mann. Reisen unterscheidet sich vom Nichtreisen manchmal weniger, als man zu Hause glauben mag, aber mit der Dämmerung kommen die Kräfte zurück, und ich bin bereit für das große Gespräch.

Wir führen es bei Reis, Tofu, Gemüse und einem leichten Weißwein an der Stupa. Nicht bei Moon, sondern auf der Terrasse eines vietnamesischen Restaurants. Sie ist heller und nüchterner als die von La Casita, aber der Ausblick ist der gleiche. Bunte Lichterketten fließen an dem buddhistischen Heiligtum herab, die Gläubigen ziehen ihre Runden, Buddha hört mit.

»Der Buchmarkt ist ein romantisches Schiff mit zerfetzten Segeln und morschen Planken, umgeben von den Superjachten der neuen Medien. Du musst dich entscheiden, Scarlett. Willst du wirklich zu den schönen Verlierern?«

»Das hast du hübsch gesagt.«

»Ja, aber es sind hässliche Zahlen. Ich weiß nicht, ob sie für England oder die USA ebenfalls stimmen, aber in Deutschland liest nur noch jeder Fünfte Bücher.«

»Ist es wirklich so schlimm?«

»Es ist noch schlimmer. Jeder Zweite will eins schreiben.«

»Oh Helge, das war nicht nett.«

»Wenn du was Nettes hören willst, hättest du das sagen müssen. Ich dachte, wir reden übers Bücherschreiben. Ich will erreichen, dass du deine Motivation prüfst. Wenn es Geld ist, rate ich dir, es zu vergessen. Oder ist es Ruhm?«

Unter den Augen des Buddha kann man ohne Probleme Geld verdienen wollen, das gehört zum Überleben dazu, aber die Sehnsucht nach Ruhm geht gar nicht. Scarlett schüttelt den Kopf.

»Ich habe seit zwölf Jahren eine Geschichte in mir, die unbedingt rauswill«, sagt sie. »Mehr nicht.«

»Ist das ein therapeutischer Ansatz?«

»Oh Helge, du bist so ein Macho.«

Scarlett lacht. Sie hat ihre gute Laune wiedergefunden. Sie will meine Worte überdenken, und als Nächstes braucht sie einen Rucksack für Australien. Auch die gibt es bei der Stupa. Ein paar Schritte von dem vietnamesischen Restaurant entfernt verschwindet sie in einem Laden für Trekking-Ausrüstung, ich warte vor der Tür. Butterkerzen, so viel wie anderenorts Glühwürmchen, flackern um mich herum, und alles, was ich sehe, gefällt mir. Die Lichter, die Gesichter, und mir gefällt auch, dass hier etwas fehlt. Normalerweise mischt sich auf einem großen Platz in einer großen Stadt atmosphärisch wie genetisch die ganze Palette menschlicher Verhaltensweisen und Seinszustände, aber hier fehlt die Hektik. Die Menschen wirken entspannt oder gefasst oder konzentriert, und sie gehen auch in durchaus verschiedenen Geschwindigkeiten hierhin und dorthin oder strikt im Kreis, aber ich sehe niemanden in Eile. Weder bei denen, die hier nur abhängen, einkaufen oder speisen, noch bei denen, die im Gehen beten. Keiner geht zu schnell und eigentlich auch nicht zu langsam.

Nicht weit von mir bewegt sich eine alte Frau fast auf allen vieren voran, so tief gebückt geht sie. Nicht aus Demut, und auch nicht als spirituelle Disziplin, ihr Rücken will es so. Sie ist arm und verkrüppelt, aber nicht hoffnungslos. Sie dreht die Gebetsmühlen und murmelt dazu. Im nächsten Leben wird es ihr besser gehen. Vielleicht als Händlerin, vielleicht als Königin, vielleicht sogar als Mann. Religion ist Opium für das Volk, hat Marx gesagt. Aber was ist so schlimm daran? Opium macht glücklich. Opium macht süchtig. Und Religion ist das einzige Opium ohne Entzug.

Scarlett kommt aus dem Shop. Sie hat einen kleinen schwarzen Rucksack gekauft, und sie liebt ihn jetzt schon. Er wird ihr im Buschland die Handtasche ersetzen. In Bangkok wahrscheinlich auch. Sie will nach Haus. Und sie will, dass ich sie führe. Sie hat mich auf dem Weg zur Stupa genötigt, mit meinem Handy alle wichtigen Ecken und Abzweigungen zu fotografieren, damit ich sie wiederfinde. Das beeindruckte mich. Was für Jüngere wie ein Steinzeit-Navi rüberkommt, ist für mich ein Sprung in die Reisezukunft. Ich schaue mir also das Foto an, das ich machte, als wir auf den Platz kamen, um ihn an der Stelle jetzt wieder zu verlassen, aber ich sehe auf dem Bild nur ein gelbes Schild auf braunem Holz an einer ockergelben Hauswand und ansonsten nur Licht. Ich habe direkt in eine Lampe hineinfotografiert. Scarlett macht sich ernsthaft Sorgen.

»Kann ich dich hier wirklich übermorgen allein lassen?«

»Nun mach mal 'nen Punkt. Ich reise mehr als du, aber ich bin kein Fotograf.«

»Willst du nicht trotzdem lieber mit mir nach Thailand fliegen, Helge? Bangkok ist Spaß.«

Ich muss lachen.

»Mit dir nach Bangkok, Scarlett? Weißt du, was die Kubaner sagen?«

»Nein.«

»Wer nimmt denn Sand mit an den Strand.«

»Das stimmt.«

Das Angenehme an der Kommunikation mit dieser Frau ist, dass man mit ihr wie mit einem Mann reden kann, und weil es außerdem zu regnen beginnt, geht sie nun doch voran. Erst durch die breiten und belebten Gassen des die Stupa umzingelnden Basars, dann durch die schmaleren und ruhigeren Wege an den Außenmauern von Ashrams und Pilgerhotels entlang, und bald schon wird es superschmal, ganz ruhig und stockfinster. Ein Pfad von etwa 200 Metern, ohne jegliche Beleuchtung. Hier schaltet Scarlett die Halogenlampe ihres Smartphones an. Wieder was dazugelernt. Die App habe ich auch. Und in, sagen wir, Lagos, Rio oder Marseille hätte ich in dieser Mutter aller Fallen darüber hinaus jetzt auch das Mantra gegen die Angst eingesetzt, aber in

Kathmandu erscheint mir das übertrieben. Auch die Orientierung steht: Man braucht von der Stupa nur links, rechts, links, rechts, links zu gehen, und das immer bei der ersten Möglichkeit, schon ist man bei Scarletts Haus, das in Kürze meines sein wird.

Es regnet die ganze Nacht. Die halbe bleibe ich wach und sitze auf Scarletts überdachtem Balkon, von dem ich auf die Wiese sehe, auf der sie mit ihren Nachbarn während des Erdbebens kampiert hat. Die Wiese ist viereckig und so groß wie die Grundfläche eines Hauses. Drum herum ist alles bebaut. Die Lücke hat Leben gerettet, nur zwei Nachbarn hat eine umstürzende Mauer erwischt. Scarletts solides Haus wackelte, aber hielt. Trotzdem war sie schockiert. Sie hatte gerade ihre schöne Wohnung in Neu-Delhi aufgegeben, gerade ihre Möbel in Containern hergeschafft, gerade alles eingerichtet und hübsch gemacht, und schon bebte die neue Heimat, und sie musste auf die Wiese mit einer Matte und dem Schlafsack.

»Du kannst übrigens auch drinnen rauchen«, sagt Scarlett, »du musst nicht die ganze Zeit auf dem Balkon sitzen.«

»Du bist wie meine Mutter. Die mag den Rauch auch, obwohl sie Nichtraucherin ist.«

»Nein, Helge, ich bin nicht wie deine Mutter, ich mag es nicht, aber du kannst trotzdem drinnen rauchen.«

Selbstverleugnende Toleranz ist natürlich wirksamer als jedes strikte Verbot. Ich bleibe auf dem Balkon. Scarlett nicht. Sie bereitet weiter ihre Abreise vor. Sie muss für einen Monat packen, und sie ist eine Frau. Aber immer wieder findet sie die Zeit, um mich mit einer Praline zu beglücken oder mit einem Rotwein oder mit einem alten Schwarz-Weiß-Foto von sich. Ich bin beeindruckt. Eine Halbinderin um die 17 sitzt mit langen schwarzen Haaren und provozierendem Blick in einem Ruderboot.

»Wo war das?«

»In Schottland.«

»Wann?«

»Anfang der 70er.«

Ich war ebenfalls zu dieser Zeit in Schottland. Und hätte ich sie damals dort gesehen, wäre ich sofort zu ihr hingeschwommen, so sehr entsprach sie meinem Typ in voller Blüte.

»Schade, dass wir uns nicht getroffen haben, als wir jung waren.«

»Aber wir sind jung, Helge. Wir werden immer jung bleiben. Und wenn nicht, dann ...«

Sie zieht eine imaginäre Rasierklinge über ihr Handgelenk, um den Satz zu beenden.

Das richtige Sterben wird in meinem Freundeskreis langsam ein genauso großes Thema wie das richtige Leben. Ich habe meinen Vater würdelos sterben sehen. Er hatte immer selbstbestimmt gelebt, aber endete hilflos in einem Gitterbett. Braucht es den richtigen Zeitpunkt? Oder die richtige Einstellung? Oder die richtigen Drogen?

»Es gibt Alternativen zum Rasiermesser, Scarlett. Ich habe mal in einem Berliner Sterbehospiz einen Raucher interviewt, der Lungenkrebs im Endstadium hatte. Er bekam Morphium und hatte weder Schmerzen noch Nikotinentzug, denn er rauchte fröhlich weiter auf dem Balkon.«

Scarlett lässt mich allein mit dem Regen.

Er entspannt mich und entspannt mich nicht. Er wird zwar grad zu Musik in meinen Ohren, aber anderswo wäscht er die Pfade weg. Der Monsun ist die falsche Zeit für die Berge, die falsche Zeit für den Dschungel, die falsche Zeit für Nepal, und ich bin im falschen Alter, um das zu ignorieren. Was ist, wenn ich krank werde? Was ist, wenn ich mir was breche? Was ist, wenn ich verrecke auf der Suche nach Kashinath? Bin ich ready for everything? Mich beunruhigen bei diesem

Gedanken übrigens weniger Krankheit, Unfall oder Tod an sich, sondern die Zeit, die das alles kosten würde. Ich habe Termine. Ein Monat ist keine Ewigkeit, eine Diarrhö nähme davon noch mal die Hälfte weg, eine Lungenentzündung fräße den ganzen Monat, eine TBC raubte den Rest vom Jahr. Und das wäre dann das Aus für die Lesungen zu Haus.

Es käme für alle Beteiligten deshalb besser, wenn ich Kashinath gleich morgen in Kathmandu fände. Und noch besser wär's, wenn ich dann auch schon einen Übersetzer bei mir hätte oder eine Übersetzerin. Und am allerbesten dafür wäre Scarlett.

Sie hat es schon mal für mich getan. Zusammen interviewten wir vor langer Zeit einen bösen Baba in Indien. Sie für den *Daily Telegraph*, ich für die *Süddeutsche Zeitung*. Ob der Asket grundsätzlich böse war, weiß ich nicht. Vielleicht war es auch nur ein cholerischer Yogi, den meine Fragen in heilige Wut versetzten. Er betrieb Extrem-Yoga, Siddhis genannt. In der Regel sind das Praktiken, die den Körper schwächen, aber dem Willen übernatürliche Kräfte zuführen. Sein Markenzeichen war der ständig zum Himmel ausgestreckte linke Arm. Mit ständig meine ich ständig, jahrelang und ununterbrochen. Der Arm war längst zu einem Ast geworden, als wir den Yogi damals trafen. Weder der grausige Anblick noch der Wutanfall des Asketen hatten Scarlett schockiert, nicht mal irritiert, und sie übersetzte den Schwall seiner Worte so unerschrocken wie amüsiert. »Im Prinzip hat er gesagt, wir sollen uns verpissen.« Ein Jammer, dass sie übermorgen fliegt. Aber was ist mit morgen? Bei ihrer nächsten Balkonpause gehe ich das Thema an.

»Erinnerst du dich an den Hardcore-Baba vom Kumbh Mela in Haridwar?«

»Der mit dem Arm?«

»Ja.«

»Was ist mit ihm?«

»Wie ich hörte, hat er den Arm mittlerweile wieder runtergenommen …«

»Und ist sofort daran gestorben?«

»Ja, woher weißt du das?«

»Die meisten sterben dabei.«

»Und ich dachte mal, Yoga sei gesund. Er fiel mir übrigens eben ein, weil ich für morgen noch immer keine Übersetzerin habe. Und du warst so gut damals.«

Scarlett hebt abwehrend die Hände.

»Vergiss es, Helge, ich habe morgen überhaupt keine Zeit, um mit dir zum Pashupatinath-Tempel zu gehen. Außerdem habe ich Angst vor Affen und Hunden. Es gibt einfach zu viele davon auf dem Gelände.«

»Mehr als vor 15 Jahren?«

»Viel mehr.«

»Mit Affen habe ich keine Erfahrung, aber habe ich dir eigentlich schon erzählt, dass die Angst vor Hunden die erste Angst war, die mir Kashinaths Mantra nahm?«

Scarlett hebt eine Augenbraue.

3. KAPITEL

WIE ICH MIT DEM MANTRA DIE ANGST VOR HUNDEN BESIEGTE

BERLIN, 15 JAHRE ZUVOR

Die Türme waren gerade gefallen, als ich mit dem Mantra gegen die Angst aus dem Himalaja zurückkam, außerdem ging mir Mercedes auf die Nerven, denn ich wohnte damals in einem Haus, das der Konzern nicht kaufen und abreißen konnte. Zur Strafe mauerte er es zu. Mauern ist ein sehr harmloses Wort für diese Bautätigkeiten. Sie bauten 16 Stockwerke links von dem Haus, sie bauten rechts von dem Haus, und von hinten baute Mercedes auch. Brandwand an Brandwand.

Als die Bauarbeiten noch nicht begonnen hatten, fand ich die Wohnungswahl noch witzig, drei Minuten bis zur Spree, drei Minuten bis zum Kanal, und alles andere in diesem Areal war plattgemacht, nur das Haus in der Englischen Straße und die Berlin-Niederlassung von Mercedes-Benz nicht. Zwei Häuser, zwei Welten. 120 Jahre auf dem Buckel, atmosphärisch verkommenes Treppenhaus und stuckbekränzte Decken das eine, ultramoderne Erlebnisarchitektur das andere. Wie ein riesiges Schiff aus Glas und Stahl sah das Autohaus des Nachbarn aus, und abends gingen da rund ums Dach Neonlichter in anthroposophischen Farben an. Tiefes Lila, zartes Rouge sowie das Rot der Blutorange wechselten langsam, aber ständig miteinander ab, und das sah ich mir gern durch das Küchenfenster an. Es erinnerte mich an Goa-Partys. Auch kamen Erinnerungen an die Enterprise hoch. Der andere Stern auf Deutschlands Straßen. Schöne neue Welt landet in der guten alten.

Unser Haus war der klassische Berliner U-Bau, mit zwei Flügeln und einem großen Hinterhof, und eine haushohe Mauer machte das U hinten zu. Das heißt, ich sah aus dem Küchenfenster immer nur die oben beschriebene Dachbeleuchtung des Nachbarn, die Konzernaura, wenn man so will. Das passte zu jeder Musik.

Eines Morgens aber sah ich bei einem Kaffee und der ersten Zigarette den Kopf eines stählernen Dinos über die Mauer lugen. Er verharrte ein bisschen und zeigte seine Zähne, bevor er das stählerne Maul aufriss, um in die Mauer zu beißen. Ich lebte nun schon so viele Jahre, aber nichts wusste ich bisher von der Kreativität im Baumaschinengewerbe. Sie hätten das Ding sicherlich auch rein funktional konstruieren können, aber sie bauten einen 30 Meter hohen Maschinensaurier mit zwei Maschinenaugen und fast natürlichen Bewegungsabläufen. Er biss sich in der Mauer fest, versuchte ein Stück herauszureißen, ruckte den Riesenschädel vor und zurück, und weil das nicht reichte, biss er gern ein zweites Mal zu. Der Dino brauchte zwei Tage, um die Mauer wegzubeißen, und mir war es egal, wie viel Lärm das machte. Nein, nicht nur egal, ich fand, der Sound gehörte dazu. Das war Hollywood am Bau, kurz: Bauwood. Zur Erinnerung an die alten Tage ließ die Bestie einen zwei Meter hohen Rest der Mauer stehen. An der seitdem Haralds Leiter lehnte.

Harald, knapp 60 und tätowiert, war bekennender Alkoholiker, 6. Dan. Also innerer Kreis. Konsumenten dieses Schlages trinken nur Schnaps, nie Bier. Harald war in den 60er-Jahren Berliner Traberkönig gewesen, hatte extrem gut ausgesehen und Millionärsgattinnen beglückt. Zwischen dieser Zeit und jetzt klaffte eine Lücke, über die er nur redete, wenn er nüchtern war. Seit zweieinhalb Jahren war dies noch nicht der Fall. Das alles war aber nebensächlich, denn wer Harald kennenlernte, interessierte sich nur für eins: Er konnte mit Tieren reden und tote Pflanzen zum Leben erwecken. Im Hinterhof wuchsen drei Bananenstauden, eine Spezies, für die der Botanische Garten Gewächshäuser mit computergesteuerter Klimaanlage brauchte. Harald hatte nicht mal genug Licht und bald gar keins mehr, weil Mercedes den Hof verschattete. Haralds Wunderkräften war das egal. Er brachte jede Pflanze hoch. Er sagte, er finde sie am Wegesrand. Die kranken, halb toten nahm er mit. Harald hatte den grünsten Daumen von Berlin, fast wollte ich grüne Seele sagen, und einen riesigen Schäferhund.

Außerdem wohnten in diesem ganz normalen Berliner Haus ein Professor, ein Steuerberater, eine Chefsekretärin, eine Lehrerin, ein Architekt, ein paar Arbeitslose, zwei Künstler, drei kinderreiche Familien sowie Studenten und Studentinnen aus dem Iran, dem Sudan, aus Serbien und der Volksrepublik China. 30 Mietparteien insgesamt, plus Berlins bekanntester Puff. Die Frauen schafften auf der Straße des 17. Juni an und waren die S-Klasse unter den Outdoorhuren. Die Lebensabschnittspartner der Mädchen grüßten freundlich und hielten die Straße sauber. Sie tolerierten keine Kleinkriminalität, keine Fahrradklauer, keine Penner, keine Frauenbelästiger. Und die Hunde der Zuhälter machten da gerne mit. Ein traumhaft schöner Dobermann, ein schneeweißer Pitbull, ein Boxer-Rüde namens Chaku (wie das gleichnamige Mordinstrument), dazu gesellten sich Haralds prächtiger Schäferhund Daniel von Weltersheim und die Hunde vom Mercedes-Wachdienst. Das schafft nur der beste Freund des Menschen. Zuhälter und Konzern-Security hingen nachts mit ihrem Rudel vor dem Puff ab, um gemeinsam ein Bier zu zischen.

Meine Beziehung zu Hunden war durch eine Kindheitserinnerung belastet, die einem Trauma gleichkam. Ein großer schwarzer Tschechoslowakischer Wolfshund namens Wolf hatte mich gebissen, als ich so um die sieben Jahre alt war. Er gehörte Tante Erna und Onkel Heinrich, und eigentlich war er mein Freund. Ich spielte mit ihm, ich streichelte ihn, ich ging oft mit Wolf durch den Wald, an dem Tante Erna und Onkel Heinrich lebten, ohne dass er seinem Namen Ehre machte, aber dann passierte es doch noch. Vielleicht weil wir die Zeit vertrödelt hatten und es schon dunkelte. Seine Rasse wurde von engagierten Züchtern durch die Kreuzung von osteuropäischen Wölfen mit dem Deutschen Schäferhund geschaffen, im finsteren Wald stiegen deshalb vielleicht in Wolf die Träume seiner Vorväter auf, und er sah das leckere Rotkäppchen in mir.

So hatte ich ihn noch nie erlebt. Die Lefzen zurückgezogen, das Mordgebiss freigelegt, Blutdurst in den Augen. Dazu ein Knurren aus der Unterwelt. Dann sprang er mich an. Ich überlebte es, weil Wanderer des Weges kamen. Wolf wurde von Onkel Heinrich dafür noch am selben Abend mit dem Gürtel grün und blau geschlagen, aber seit diesem Tag hatte ich Angst vor jedem Hund, der größer als ein Pudel war. Angst ist eigentlich untertrieben. Oder zu ungenau definiert. Es gibt viele Arten von Ängsten. Die Angst vor Armut, die Angst vor Krankheit, die Angst vor dem Alter, die Angst vor Ablehnung, die Angst zu versagen, die Angst vor der Frau. Ich meine die Angst vor der Bestie. Und genau diese Angst macht in jedem Hund die Bestie wach. Sie kommt in

Schockwellen daher, gepaart mit Fluchtinstinkten, aber weil Weglaufen der größte Fehler ist, habe ich mich jedes Mal einfach nur komplett verkrampft, wenn mir im oder um das Haus in der Englischen Straße der Dobermann oder der Pitbull oder Chaku oder Daniel von Weltersheim allein, zu zweit oder im Rudel ohne Herrchen begegneten. Das kam durchaus öfter vor. Selbst die diszipliniertesten Hundehalter haben Aussetzer, und die Zuhälter sowieso. Und Harald war halt immer besoffen.

Als die Traber noch als die Formel 1 des Rennsports galten, die Huren von Toulouse-Lautrec porträtiert wurden und die Gebrüder Lumière den ersten Kinematografen vorführten, wurde das Haus der Hunde von einer Zimmermannsfamilie dermaßen solide gebaut, dass es sogar den Bombenteppichen der Alliierten trotzte. Auf einer Luftaufnahme aus dem Jahre 1943 hatte die Englische Straße zwei Reihen solcher Häuser, mit gepflegten Vorgärten, mehreren Betrieben der gehobenen Gastronomie, Kolonialwarenläden, Barbieren. Das war vor den Angriffen der Alliierten. Nachher gab's 'ne Luftaufnahme, da sah die Englische wie ein Mund aus, in dem nur noch ein Zahn steckte. Immerhin wackelte er nicht. Die ganze Straße war weg. Nur die Nummer 29 nicht. So ähnlich sah es dort zu meiner Zeit wegen Mercedes auch wieder aus. Wie ein toter Arm zweigte unsere Straße von der Straße des 17. Juni ab, und wenn ich sie zu Fuß betrat oder mit dem Rad einbog, lagen da vor allem am Abend oder, schlimmer noch, in der Nacht etwa 200 unkoschere Meter durch das Spalier meiner Ängste vor mir, denn ich betrat der Kampfhunde Gassirevier. Hier probierte ich das Mantra aus dem Himalaja zum ersten Mal aus. Dem Ernst der Lage angemessen, murmelte ich es nicht leise, sondern rezitierte es laut, in einem fast militärischen Tonfall und Rhythmus, und meine Angst vor der Bestie löste sich darin auf wie ein Stück

Würfelzucker im Kaffee. Es wirkte schon nach wenigen Schritten, und es wirkte immer. Wo kein Rotkäppchen mehr ist, da gibt es auch keine Wölfe mehr.

4. KAPITEL

3. TAG IN KATHMANDU

Der Tag beginnt mit keiner Überraschung. Scarlett begrüßt mich mit einem strahlenden Lächeln in der Küche. »Ich habe mit ein paar Freunden telefoniert«, sagt sie. »Und du hast recht. Niemand liest mehr Bücher.« Das scheint sie wirklich zu erleichtern. Zwölf Jahre Literaturzwang sind von ihr abgefallen wie eine Last, die niemand braucht. Beschwingt macht sie sich daran, ihre nahende Bangkok-Australien-Reise in den Griff zu kriegen, und ich wundere mich jetzt doch langsam. Sie packt seit drei Tagen. Ich trinke meinen ersten Kaffee und bestaune ihre Küche. Die könnte, so wie sie ist, in einem Museum stehen. Halb neokolonial, halb modern, und wozu Scarlett die gefühlten 100 Pfannen braucht, die an den Wänden neben den gefühlten 100 anderen Küchenhaushaltswaren hängen, wundert mich auch. Ist das reine Dekoration oder für den Fall der Fälle oder Sammeltrieb? Hat sie jede Pfanne ihres Lebens mit nach Nepal geschleppt, jeden Topf, jedes Messer, jedes Brett? Liebt sie das Zeug, oder ist sie ein Single, der von einer Großfamilie träumt? Oder erbte sie, auch das kann sein, nicht nur von ihrem Vater das Geld und von ihrer Mutter den Schmuck, sondern auch von ihrer Oma deren Küchenuniversum? Dann wäre es Respekt. Egal, was es ist, mit dieser Küche könnte sie ein Restaurant betreiben. Ich werde davon nicht wirklich alles brauchen. Ein Pfanne für die Spiegeleier, ein Schälchen fürs Banana Porridge, eine große Tasse, die Kaffeemaschine, und das war's. Sula hat nicht viel von mir zu befürchten. Außer zu viel Nähe vielleicht. Mein Balkon liegt an der Küche. Und ich bin immer auf dem Balkon, wegen dem Rauchen. Wegen der frischen Luft geht in Kathmandu nicht.

Zur anderen Seite öffnet sich die Küchentür zu dem Flur und der Wohnungstür, und wenn beide Türen offen stehen, was häufig vorkommt, schaut man ins Treppenhaus und auf eine dritte, auch fast immer geöffnete Tür, hinter der das Büro liegt. Ich sehe also Nima bei meinem ersten Kaffee und gehe zu ihr rüber, denn ich habe eine Idee. Ich hatte sie bereits in der Nacht, als ich dem Regen zuhörte. Und der Regen hat gesagt: »Ich suche eine Übersetzerin, die mit mir zum Pashupatinath-Tempel geht. Wollen Sie das machen?«

Nima schaut mich jetzt zwar nicht so an, als wäre ich der Weihnachtsmann, aber fast so.

»Gern, wenn Sie meinen, dass ich das kann.«

Sie kann, da bin ich mir sicher, aber leider noch nicht heute, auch nicht morgen. Erst ab Freitag hat sie frei. Und Scarlett, die sich zu uns gesellt, geht das entweder alles etwas zu schnell, oder es gefällt ihr aus anderen Gründen nicht. Ich sehe es an ihrem Gesicht.

»Du musst ihr aber 50 Dollar pro Tag geben«, sagt sie.

»Ist das okay für Sie, Nima?«, frage ich.

»Sehr okay.«

Zurück in ihrer Küche, nimmt sich Scarlett mich zur Brust.

»Bist du sicher, dass Nima die Richtige ist?«

»Sie spricht fließend Englisch.«

»Das stimmt.«

»Sie ist intelligent.«

»Das stimmt auch.«

»Sie ist professionell.«

»Nicht als Übersetzerin.«

»Nein, aber in ihrem Job. Sie hat eine Grundeinstellung zur Professionalität, und die ist branchenübergreifend.«

Scarlett nickt, und wie mir scheint, fast widerwillig.

»Außerdem ist sie Buddhistin. Sie weiß, worum es geht.«

»Ja, und sie ist schön. Bitte versau sie nicht, Helge.«

»Bist du irre? Nima ist 40 Jahre jünger als ich. In meinem Alter ist Voyeurismus der einzige respektable Sex.«

Wie zu erwarten war, will Scarlett darüber nichts weiter hören, weil sie, für ihren Teil, forever young anvisiert.

»Und jetzt?«, fragt sie. »Was machst du jetzt?«

»Ich kaufe mir einen Regenschirm.«

Im Treppenhaus treffe ich Nima. Sie kommt gleich mit. Sie führt mich in das passende Geschäft und sucht auch den Schirm aus. Das klassische Modell für den Monsun-Urlaub. Groß, stabil, violett. Man spannt ihn auf und spürt die Kraft, die in den Speichen steckt. Möge der Schirm mit dir sein. Er schützt dich vor dem Himmel, er schützt dich aber auch vor räuberischen Überfällen auf den Straßen. Ungeöffnet wird der Schirm zur Waffe. Oben ein solider Knauf aus hartem Holz, unten eine Metallspitze. Man kann mit ihm schlagen, man kann mit ihm stechen, und man kann ihn wie ein Schwert am Rücken tragen, denn sein Überzug hat ein Schulterband für genau diesen Zweck. »Oh«, sagt Nima, als wir wieder auf der Gasse sind. »Sie sehen damit wie ein Samurai aus.« Und sie hat recht. Aber der Unterschied zwischen einem Samurai und einem, der nur so aussieht, ist leider viel größer als der zwischen echten und falschen Frauenbrüsten.

Der falsche Samurai besteht keinerlei Stresstest. Trotzdem korrigiert das Regenschirm-Schwert meine Körperhaltung, meinen Gang, mein Selbstbewusstsein sowie mein Pflichtgefühl und den Fokus auf mein Ziel. Nima geht zum Haus zurück, der Samurai nimmt ein Taxi.

»Pashupatinath«, sage ich.

»500 Rupies?«, sagt der Fahrer.

Er ist ein gemütlicher Dicker. Das macht mich vertrauensselig. Obwohl er den Preis als Frage formuliert und ich gleichzeitig Hoffnung in seinen Augen aufglimmen sehe, sage ich, sofort und ohne zu handeln, »okay«. Ich handle nicht gern, da ticke ich japanisch, ich habe immer das Gefühl, dass man dabei das Gesicht verliert, obwohl natürlich das Gegenteil stimmt. Der Fahrer lässt glücklich seinen Auspuff sprechen, ich nehme auf der Rückbank wie in einem Kinosessel Platz.

Der Film heißt »Der Tag, an dem nichts mehr ging«.

Ich komme auf den Titel im ersten Stau. Im zweiten sehe ich, dass sich auch Motorräder stauen können. Sie bilden dabei Blöcke, und jeder ist so breit wie ein Lkw und so lang wie ein Bus, weil in zehn oder zwölf Reihen immer vier oder fünf Motorräder dicht nebeneinanderstehen. Das Wetter: Es regnet grad mal nicht. Aber es bleibt dauergrau. Ohne Mission würde ich mich verfluchen für dieses Reiseziel. Ohne Auftrag wäre ich hier verloren. Aber wie koscher ist ein Auftrag, den man sich selber gab? Hätte ich vor, sagen wir, einer Woche zu mir gesagt, flieg doch lieber nach Kalifornien, Junge, wäre das auch ein Auftrag gewesen. Solange ich denken kann, strebe ich nach einem selbstbestimmten Leben, und es ist mir noch nie bekommen. Ich bin kein Samurai, nicht mal ein falscher, denn Samurai haben einen Herrn. Ich wollte nie einen. Ich wollte immer mein eigener Boss sein, aber meine Wege sind leider so unergründlich wie die der Götter. Who the fuck is Shiva, zu dessen Tempel wir unterwegs sind? Und who the fuck bin ich, der das so will? Beim nächsten Stau fällt es mir ein. Shiva ist der Gott der Zerstörung. Er kommt hier aus jedem Auspuff. Und ich bin eines seiner zahllosen Opfer.

Im Pashupatinath wendet sich das Blatt. Es wendet sich dauernd in Kathmandu. Ich gewöhne mich langsam daran. Ich komme an, ich gehe rein, ich bin gut drauf. Weil zu Haus. In der alten Heimat meiner Seele. Die Tempelanlage wurde 1343 gebaut, das sind über 700 Jahre alte Mauern, an denen der Schein der Totenfeuer flackert. Das sieht nicht nur unheimlich aus, das ist es auch. Leichen verbrennen am Ufer eines Flusses, der mitten durch die Tempelanlage fließt und sie in zwei Hälften teilt. Er heißt Bagmati und ist zum Ganges unterwegs. Gern nimmt er die Asche, Knochenreste und was sonst noch von den Verkohlten übrig bleibt, mit zum heiligsten aller Flüsse, um sie unweit von Kalkutta dem Ozean zu übergeben.

Der Qualm brennender Leichen mischt sich mit den Duftwölkchen der Räucherstäbchen und dem allgemeinen Smog zu einem alles umwölkenden süßen Nebel, den zu inhalieren der Arzt verbietet, trotzdem ist der Pashupatinath ein Ort des tiefen, auch rhythmisch exzessiven Atmens, denn Shiva ist nicht nur der Gott der Zerstörung, sondern auch der Gott der Asketen. Er kam zu dem Titel unter anderem durch seine kompliziert verlaufenden Frauengeschichten. Zwei Beispiele:

SHIVA & SATI

Sati, seine erste Gemahlin, wurde von Shiva links liegen gelassen, weil er einfach zu viel meditierte. Sein Schwiegervater beleidigte Shiva dafür ziemlich heftig. Was genau er schimpfte, überliefert der Mythos nicht, aber ich bin sicher, es war was in Richtung schwul, impotent und/oder asozial. Sati ließ sich bei lebendigem Leib verbrennen, um die Ehre ihres Mannes wiederherzustellen. Natürlich wurde sie wiedergeboren. Noch schöner als zuvor, und vor allem wissender. Sie wusste sogar, dass sie im letzten Leben Sati gewesen war. Jetzt aber hieß sie Parvati.

SHIVA & PARVATI

Shiva hatte sich währenddessen in einer eigentlich unauffindbaren Höhle zur ewigen Meditation niedergesetzt, doch Parvati fand ihn. Und sie hatte einen Verbündeten mitgebracht, Kandev, den Liebesgott. Bevor der jedoch einen seiner Pfeile abschießen konnte, öffnete Shiva sein drittes Auge und tötete ihn mit einem Strahl. Für mich ist das der interessanteste Teil der Geschichte: wie die heiligen Schriften der Veden mit dem Verlieben umgehen. Für Yogis ist dieses Phänomen nicht das schönste aller Gefühle, sondern ein frecher Überfall.

Shiva erkannte zwar in Parvati sofort seine alte Sati, hatte aber noch immer keine Lust, ihretwegen seine Meditation zu unterbrechen. Die Frau gab nicht auf. Sie setzte sich vor Shiva und versuchte, es ihm gleichzutun. Nach einem Jahr ununterbrochener Askese sah sie so übel aus, dass sie ein zweites Mal für ihren Mann zu sterben drohte, und endlich gab Shiva nach und verschaffte ihr neue Lebenskräfte. Wie er das tat, lassen die Veden ebenfalls nicht im Dunkeln. Sie hatten so wilden und nimmer enden wollenden Sex, dass das Universum bebte. So wurde Parvati Shivas zweite Ehefrau und damit eine Göttin, und seine erste Gattin kam auf diese Art auch noch zu ihrem Recht. Dafür hatte Sati nur zwei Leben gebraucht. Danach aber wurde brav meditiert, und wenn sie nicht gestorben sind, was anzunehmen ist, denn das können Götter nicht, meditieren sie noch heute.

End of story.

Shiva ist der Gott der Asketen, und der Pashupatinath ist ihr wichtigstes Pilgerziel, nicht nur in Nepal, auch in Indien gilt er als Muttertempel der Shivaisten, es wimmelt hier von dramatisch geschminkten Sadhus mit indiskutablen Frisuren und uncharmanten Bärten. Kashinath war einer der Gepflegten. Nur ein roter Punkt auf der Stirn, und seine hüftlangen, pechschwarzen Haare waren immer zu einem Dutt hochgebunden, den ein schneeweißer Turban umfasste. Sein Körper, seine Kleidung, seine Aura, alles strahlte konzentrierte Sauberkeit aus. Außerdem gefiel mir, dass er weder Geld noch Schüler wollte. Er brauchte niemanden, der ihn finanzierte oder verehrte oder beides. Er brauchte Ruhe, er wollte meditieren, wie sein Gott es tat und tut und immer tun wird. Und was mir am meisten an Kashinath gefiel, war natürlich das, was er mit mir machte. Meine Güte, er hat mein Leben umgedreht, den Schalter von minus auf plus gedreht, und sein Mantra hat meine Ängste eliminiert, es wird Zeit, dass ich mich dafür bedanke.

Der Gott der Zerstörung und Asketen ist auch der Schutzgott alles Lebenden. Das ist unlogisch, aber so ist der Hinduismus nun mal. Die Vereinigung aller Gegensätze ist für ihn ein Klacks. Und als Schutzmacht aller lebendigen Wesen im Allgemeinen gilt Shiva im Besondern noch dazu als Tierfreund, und das wird im Pashupatinath, da muss ich Scarlett recht geben, langsam zu einem echten Problem für alle, die kein Mantra gegen die Angst vor Affen und Hunden haben. An Affen habe ich es noch nicht ausprobiert, jetzt bekomme ich Gelegenheit dazu. Vor 15 Jahren gab's im Pashupatinath etwa so viele Affen wie Menschen, nun stimmt das Gleichgewicht nicht mehr, ihre Population ist explodiert. Sie sind überall, wo ein Dach ist, ein Geländer, eine Mauer, ein Baum, sie sind auch auf der Brücke, die mich über den Fluss in die andere Hälfte der Tempelanlage bringt, und vor allem sind sie an der breiten Treppe. 120 Stufen, Mauern zum Lauern sowie Pavillons, die von den Yogis als Meditationsbunker und von den Affen als Sprungschanze benutzt werden. Kleine

Tiere, eher Äffchen, aber frech wie Rotz, scharfe Zähnchen, blitzschnell. Die meisten wollen nur was stehlen, wenn sie angeflogen kommen, aber es gibt auch aggressive, und ihr Biss transportiert scheußliche Krankheiten. Das sind alles gute Gründe, vor den Affen im Pashupatinath Angst zu haben, doch mein Mantra scheint tadellos zu funktionieren. Kein Affe macht mich an. Natürlich kann das auch, so viel reine Vernunft muss sein, an meinem Samurai-Regenschirm liegen, den ich jetzt wie ein gezogenes Schwert trage.

Nun zu den Hunden.

Es sieht so aus, als gäbe es einen permanenten Wettbewerb zwischen ihnen und den Affen, wer die verficktere Art von beiden ist. Und es sieht so aus, als hätten die Hunde gewonnen. Hässliche Hunde, kleine Hunde, die Mischungen aller Straßen. Der Pashupatinath ist ein Köter-Planet geworden, aber für sie brauche ich mein Mantra nicht mehr, denn es hat mir mittlerweile so oft die Angst vor ihnen genommen, dass sich das verselbstständigt hat. Ich habe keine Angst mehr vor Hunden, ich gehe wie ein Elefant durch ihre Rudel, und wenn mich trotzdem einer blöde anmacht, winke ich mit dem Regenschirm-Schwert. Aber ein einziger unter den Hunderten ist nicht abzuschütteln. Und er ist auch der einzige große Hund unter all den kleinen. Groß und schwarz. Er verfolgt mich seit der Brücke. Oder läuft er einfach nur hinter mir her? Jetzt geht er sogar neben mir. Und bleibt an meiner Seite. Er ist nicht reinrassig, aber auch nicht so durchmischt wie die anderen hier. Ein Jagdhund und ein Rottweiler könnten für ihn verantwortlich sein. Und er ist gut in Schuss. Nicht unterernährt, nicht krank, nicht angekrüppelt. Ein starker Hund geht mit mir.

Das Hundevolk im Pashupatinath teilt sich die Tempelanlage in viele kleine Reviere auf. Sobald es einer wagt, das Revier zu wechseln, wird er niedergekläfft und weggebissen.

Und immer wenn das passiert, rückt der große schwarze Hund näher an meine Seite, so nah, dass man glaubt, er gehört zu mir, und das wirkt. Die Rudel kommen angestürzt, und sobald er bei Fuß geht, halten sie inne. Wegen meinem Samurai-Schirm? Oder weil sich das so gehört? Er sucht Schutz bei mir. Und auch ich fühle mich stärker als vorher, sicherer und nicht mehr allein.

Wir wollen zu dem Ashram der Gorakhnath-Babas, denn dort traf ich Kashinath vor 15 Jahren, und dort setzte ich ihn nach unserer Wanderschaft auch wieder ab. Ihr Haus liegt weit oben auf dem Hügel, der ein Teil der Tempelanlage ist. Ob ich es wiedererkennen werde? Wir kommen an Gebäuden anderer Sadhu-Orden vorbei, und jedes sieht so ähnlich wie das in meiner Erinnerung aus. Zweistöckig, Vorhof, Bäume, und weil ich mir nicht sicher bin, gehe ich zu jedem hin, in eins gehe ich sogar rein. Der Hund bleibt treu bei mir, nur als ich das Haus betrete, wartet er vor der Tür auf mich. Mittlerweile gehorcht er mir. Ich brauche nur mit dem Kopf in eine Richtung zu nicken, und er läuft hin. Alle paar Meter dreht er sich um und versichert sich, dass ich noch hinter ihm bin. Wir finden den Ashram der Gorakhnaths, aber es ist niemand da. Mich kümmert das nicht. Ich habe sowieso nicht damit gerechnet, hier und heute Kashinath zu treffen, ich will eigentlich auch mit niemand anderem über ihn sprechen, für mich ist das grad nur ein Schnupperkurs. Außerdem beschäftigt mich im Moment emotional das neue Thema. Ich hatte noch nie einen Hund und kannte nicht den Stolz, ein Herrchen zu sein, und auch nicht die Freude über den treuen Kumpel. Das Mantra hat mir bisher nur die Angst vor ihnen genommen, Freundschaft mit einem schließe ich erst jetzt. Das fühlt sich, wie soll ich es sagen, richtig an. So muss es sein. Ein Mann, ein Hund.

Und als wir alle Stufen der großen Treppe wieder hinuntergegangen sind und unten am Fluss, wo die Toten brennen, die Menschen Aarti zu singen beginnen, das heilige Lied der Hindus und der schönste Lobgesang an die Götter, den ich kenne, weil er fröhlich ist, voller Lebenslust und Dankbarkeit zugleich, und ich dann vor der Brücke bei einer Gruppe anderer Zuschauer stehen bleibe, um den Sängern, Tänzern und Lichtschalen-Schwenkern zuzusehen, da legt sich der große schwarze Hund zu meinen Füßen. Und rollt sich ein. Das gibt mir den Rest. Wenn die Beziehung der Götter zu uns ähnlich ist wie die Freundschaft zwischen Mensch und Hund, dann haben wir Glück gehabt. Aber wie geschieht mir? Ich bewege mich ein wenig zu der Musik, aber wirklich nur ein bisschen, und da hat der große schwarze Hund wohl etwas missverstanden. Er läuft hinter meinen Rücken, steigt an mir hoch und will mit meinen Beinen Liebe machen. Bei Sex hört die Freundschaft zu Hunden bei mir natürlich sofort auf.

Scarlett bietet diese Geschichte erwartungsgemäß jede Menge Gelegenheit zur Heiterkeit. Wir sitzen wieder an der Stupa, jetzt beim Italiener, es ist unser letztes gemeinsames Abendessen vor ihrem Abflug nach Bangkok. Leider ist die Pizza schlecht, noch schlechter ist der Rotwein. Wir tauschen ihn gegen Bier ein, aber auch das bringt Verdruss, weil Scarlett nicht weiß, ob sie schlucken soll oder lachen muss.

»Dein Mantra hat wirklich Kraft«, sagt sie, nachdem sie sich beruhigt hat. »Früher wollten dich die Hunde beißen, jetzt wollen sie dich ficken.«

»Ja, Scarlett, du hast wahrscheinlich recht. Manche Ängste braucht man, damit nicht Schlimmeres passiert. Hoffentlich geht es mir mit Türstehern nicht ebenso.«

5. KAPITEL

WIE MIR DAS MANTRA DIE ANGST VOR TÜRSTEHERN NAHM

BERLIN, 15 JAHRE ZUVOR

Nicht nur die Türme waren gefallen und Mercedes nervte, als ich mit dem Mantra aus dem Himalaja nach Berlin zurückkam, es war auch gerade Berlinale. Ich hatte damit nichts zu tun, bis ich vor unserem Haus an der Englischen Straße einen Filmschaffenden aus dem Puff schreiten sah. Wir hatten uns lange nicht gesehen. »Alter«, sagte ich, »was machst du denn hier?« Und das war, zugegeben, eine bescheuerte Frage.

»Kleines Warm-up für die After-Shows. Und du?«

»Ich wohne hier.«

Huren kamen, Huren gingen, und es war egal, ob man sie von vorn aus der Dunkelheit kommen oder von hinten in die Dunkelheit verschwinden sah, in ihren schenkellangen Stiefeln, Tangas, Hotpants und auf Wespentaille geschnürten Korsagen sahen sie so oder so filmreif aus. Mein alter Bekannter beglückwünschte mich zu der Wohnungswahl, und ich holte zwei Bier aus dem Puff. Wir tranken sie auf der Zuhälterbank, die draußen neben der Tür stand, und die Zuhälter tolerierten das. Ein gutes Verhältnis zu den Hausbewohnern gehörte zu ihrer Unternehmensstrategie.

»Was sagt eigentlich Mercedes dazu?«, fragte der Filmschaffende.

»Nun, Mercedes sieht das so: Sie sind eine staatstragende Marke, sie geben Staatsempfänge, der Kanzler war da, und immer wieder Mitglieder arabischer Königshäuser, natürlich auch afrikanische Präsidenten. Dann spielt da drüben Blasmusik im eigentlichen Sinn, und Trachtenkapellen treten auf.«

»Hatten die Potentaten Afrikas jemals etwas gegen Huren?«

»Nein, trotzdem bot der Konzern der Besitzerin des Hauses mehrfach eine hohe Leermiete an, damit sie dem Puff kündigt. Macht sie aber nicht. Und willst du wissen, warum? Weil sie eine Berlinerin ist. Und Mercedes ist Stuttgart. Und die Käuflichkeit der Liebe ist in Berlin ein ganz normales und, vor allem, uraltes Gewerbe. So ist die drauf. Willst du wissen, was sie Mercedes geantwortet hat? Sie hat mir das Schreiben gezeigt.«

»Unbedingt.«

»›Der Puff hat Bestandsrecht. Es gibt ihn schon seit 50 Jahren. Außerdem bezahlen die Jungs gut und pünktlich. Ich sehe da für mich keinen Handlungsbedarf.‹«

Mein alter Bekannter gehörte übrigens zu der Sorte Filmschaffender, die zwar auch ganz gern mal kiffen, aber nie was zu kiffen dabeihaben. Und das fiel ihm grad wieder ein. Ich hatte Haschisch und wollte auch gern mit ihm einen Joint rauchen oder zwei, aber ich wollte ihm nichts davon für seine After-Show-Partys mitgeben. Deshalb nahm er mich mit. Er meinte, es gebe kein Problem, er habe eine VIP-Eintrittskarte. Und mich kriege er da problemlos mit rein.

Ich war mir da nicht so sicher.

Die Angst vor Türstehern ist die unnötigste aller Ängste, und es lohnt nicht, sie zu überwinden, denn hinter diesen Türen warten nur überteuerte Frauen und Getränke. Und was gekränkt wird, gehört gekränkt. Oder halten wir die Eitelkeit für eine Tugend und den Stolz für bewusstseinserweiternd? Don Juan, der mexikanische Schamane und Guru des legendären Schriftstellers Carlos Castaneda, sprach einmal über kleine Tyrannen und warum er sie mag. Im Unterschied zum großen Tyrannen schafft der kleine es nicht, dich zu versklaven oder zu zerbrechen, denn dafür ist er eine Nummer zu schwach. Er schafft es nur, dir gewaltig auf den Keks zu gehen. Das kann eine Frau sein, ein Vorgesetzter, ein Kind, ein Lehrer, ein Nachbar, ein Polizist, ein Bürokrat, der kleine Tyrann hat viele Gesichter, und was Don Juan meint, ist dies: Nutz die Arschlöcher für deine Arbeit an dir selbst. Mit ihren Unverschämtheiten kannst du dich in Gleichmut üben, mit ihren Grenzüberschreitungen dein Ego minimieren, und Türsteher sind die kleinen Tyrannen, die mit ihren Abweisungen das von gesellschaftlichen Blamagen unabhängige Selbstbewusstsein trainieren.

Don Juan hatte recht, trotzdem wollte ich schon mehrere Male im Laufe meiner journalistischen Laufbahn eine Geschichte über Türsteher schreiben, inklusive ihrer privaten Adressen und den Interviews mit Ex-Frauen über ihre sexuellen Schwächen. Sie ließen mich einfach nie durch, weil es mich nie gekümmert hat, was irgendein Designer in Mailand grade für die saisonale Hosenmode hielt. Dazu gehört natürlich auch, wie man die goldene Rolex trägt und wo Tennissocken gehen und wo nicht. Meine Kollegen wussten das immer. Das Armband so weit und locker wie möglich am Handgelenk, und Tennissocken trägt man nicht mal auf dem Tennisplatz.

Tempo. Schon mal gehört? Es gibt viele alte Menschen, deren Augen zu leuchten beginnen, wenn der Name fällt. *Tempo* war die Zeitgeist-Bibel der Belle Époque des Magazin-Journalismus, und sie hat sehr erfolgreich die Diskriminierung von Tennissocken propagiert. Oder soll ich gepredigt sagen? Es waren echte Fanatiker am Werk, quasireligiöse Eiferer. Tennissocken gingen gar nicht. Tennissocken galten als Statussymbol der Unberührbaren. Tennissocken waren schlimmer als Zahnlücken.

Und mein *Tempo*-Kollege, mit dem ich mal Mitte der 80er-Jahre ins P1 wollte, um über Drogen zu recherchieren, wusste das auch. Er kannte alle Zeichen und Signale für die Szene-Society, und den richtigen Blick hatte er sowieso drauf. Die härtesten Türsteher Münchens ließen ihn rein, als wäre er der Chef der Diskothek oder einer, der den Laden aufkaufte und sie rausschmisse, wenn sie nur die geringsten Mucken beim Einlass machten. Er hieß übrigens Tom Kummer. Mich blockten sie ab wie einen Leprakranken.

Die Gründe dafür waren mannigfaltig. Ich trug wie immer das, was am Morgen rumgelegen hatte und sauber gewesen war. Also Tennissocken, zwei verschiedene sogar, eine mit rotem, eine mit blauem Rand, denn nur selten, ich weiß auch nicht, warum, liegen saubere Socken bei mir als Paar herum. Dazu irgendwelche Sneakers, eine markenlose Jeans, eine Rocker-Lederjacke und Jesus-Haare sowie eine vorauseilende Resignation im Blick, die jeder hat, der noch nie irgendwo reingekommen ist. Man gewöhnt sich dran, aber zielführend ist es nicht. Wenn du selbst nicht dran glaubst, dass du an ihnen vorbeikommst, warum sollen es die Türsteher tun? Sie blockten mich nicht nur ab, sie vertrieben mich sogar. Ich stand vor dem Zaun, der nun zwischen Tom und mir war, um mich für später mit ihm zu verabreden, und schon eilte ein Türsteher herbei und reklamierte mit Drohgesten einen Sicherheitsabstand zwischen mir und dem P1 von etwa 30 Metern, denn alles darunter sei imageschädigend. So oder so ähnlich, wenn auch selten so blamabel wie die

P1-Niederlage, sah es für mich draußen vor der Tür der Schönen und Reichen aus, bevor ich das Mantra gegen die Angst hatte.

Jetzt zu nachher.

Der Filmschaffende brachte mich vom Puff in der Englischen Straße auf einen roten Teppich der Berlinale. Der zog sich ziemlich lang durch ein Hotelfoyer, und am Ende warteten die rote Kordel und die Herren Türsteher in Schwarz. High-End-Türsteher. Man hatte mich nicht ins P1 gelassen, warum sollten es diese tun? Hinter ihrer Kordel vergnügten sich nicht Münchner, sondern Leute wie Halle Berry, Cate Blanchett, Catherine Deneuve, Russell Crowe, Harvey Keitel und Robert Altman. Und wer war mein alter Bekannter, auf dessen Einladungskarte ich hier Trittbrett fahren sollte? Nicht so berühmt. Und seine größten Erfolge lagen auch a bisserl zurück. Türsteher unter 40 kannten sein Gesicht nicht zwangsläufig. Die beschissene kleine und komplett unnötige Angst vor ihnen griff nach mir, aber diesmal resignierte ich nicht schon im Anlauf, sondern probierte das Mantra aus. Bei den Kampfhunden hatte es mir ja auch geholfen.

Und wieder löste sich ein Stück Zucker im Kaffee auf. Und zwar sofort, obwohl es so schnell nicht nötig gewesen wäre, denn ich hatte etwa 30 Meter bis zur roten Kordel, um meine Angst zu verlieren, doch das Mantra brauchte nicht mehr als zehn. Eigentlich war es auch kein Auflösungsprozess mehr, es machte einfach knips, und weg war sie. Zum ersten Mal erlebte ich die Angst als nervöse, zackige Schwingung im Gehirn, die zu einem Strich wird, bevor sie endgültig vom Bildschirm verschwindet.

Angst drückt sich in vielem aus, denn das Alphabet der Körpersprache hat auch eine Menge Buchstaben. Schweißperlen, zu unsicherer oder zu militärischer Gang, komisches

Lächeln sowie sein Gegenteil, die zu leise oder zu laute Stimme, die fahrige Hand, und der Blick ist und bleibt natürlich das Verräterischste überhaupt. So oder so, denn versucht man, die Angst darin zu verschleiern, verrät einen der Schleier. »Wir sehen nur in die Augen«, hatte mal der gefürchtetste Türsteher Hamburgs zu mir gesagt. Und diese hier machten das auch. Weil vor uns niemand ging, hatten sie 20 Meter Zeit, um unsere herannahenden Signale auf sich wirken zu lassen, und ich war von allem Wirkenwollen befreit. Mich ließen sie wie Luft vorbei, auch ohne VIP-All-Access-Backstage-Eintrittskarte, und meinen alten Bekannten, der eine hatte, stoppten sie.

»Der gehört zu mir«, sagte ich.

»Ach so«, sagten sie.

Und ließen ihn mit mir gehen.

6. KAPITEL

REGEN, REGEN, REGEN. BIER, BIER, BIER.

KATHMANDU, DIE NACHT VOM 3. AUF DEN 4. TAG

Scarlett telefoniert, ich freunde mich weiter mit ihrem Balkon an. Wir wachsen langsam zusammen. Der große schwarze Hund vom Pashupatinath kommt mir in den Sinn. Hätte er mich nicht ficken wollen, läge er jetzt möglicherweise hier bei mir. Oder unten, im Garten. Das Haus wäre ideal für ihn und er ideal fürs Haus. Scarlett legt Wert auf Security. Das große Vorhängeschloss am Tor kann Eindringlinge bremsen, aber stoppen würde sie die Rottweiler-Jagdhund-Mischung. Möglicherweise auch zerfetzen. Wie würde er sich mit des Nachbarn Riesendogge verstehen? Sie ist fast so groß wie der Balkon, auf dem sie liegt. Nur der zweite, winzig kleine Hund des Nachbarn passt dann noch drauf, aber der Nachbar nicht mehr oder seine Frau oder irgendwer. Sein Balkon gehört der Dogge. Welches Geschlecht hat sie? Meinem Rottweiler wäre das wahrscheinlich ganz egal. Hätte er mich nicht ficken wollen, würden wir möglicherweise demnächst zusammen auf Wanderschaft gehen oder hier und da mit dem Bus fahren. Ein Beschützer gegen die Einsamkeit und gröbere Gefahren, aber kein Vegetarier. Ich habe nichts dagegen, wenn Hunde Fleisch fressen, aber ich müsste es kaufen. Und ihm bringen. Also anfassen. Davor ekel ich mich. Kann man das überwinden? Muss man das überwinden? Erweitert die Überwindung des Ekels vor totem Fleisch das Bewusstsein?

Mein Ex-Glaube an die Reinkarnation speiste sich im Wesentlichen aus der Sehnsucht nach dem großen Bogen, dem großen Leben, der großen Seele, der großen Erlösung vom Tod. Beweise gab es nicht, aber Hinweise. Mein angeborener Vegetarismus war der stärkste. In einer Familie, einem Land, einer Kultur von Fleischessern kam ein Kind zur Welt, das nicht nur kein Fleisch essen wollte, es ging sofort weit darüber hinaus. Es reichte nicht, das Fleisch vom Teller runtergenommen zu bekommen, der Teller musste gewaschen werden, am liebsten hätte ich ihn nie wieder gebraucht, nie wieder von ihm gegessen, ihn nie wieder berührt, denn irgendwas bleibt hängen und kleben von dem toten Zeug. Dasselbe galt für das Besteck. So ticken Brahmanen. Der zweite Hinweis war meine quasireligiöse Beziehung zum Haschisch. Sobald es in mein Leben kam, und das war früh, war auch das Göttliche präsent. Als Gefühl. Als Gewissheit. Haschisch war die Brücke zum großen Geist. So ticken Babas. Und das Fingerhakeln war der dritte Hinweis. Scarlett hatte mich mal drauf aufmerksam gemacht.

Ich mag es nicht, wenn sich Frauen bei mir auf der Straße einhaken. Ich verliere meinen Rhythmus dabei. Ich gehe auch nicht gerne Hand in Hand, das ist mir eine zu demonstrative Zweisamkeit, aber ich gebe ihnen gerne meinen kleinen Finger oder nehme ihren mit meinem, und so ticken praktisch alle Inder. Und wenn ich einen Tempel wie den Pashupatinath betrete, fühle ich mich nicht wie ein Tourist und Indienkenner, ich fühle mich wie ein Heimkehrer aus einem anderen Leben. Auch wenn ich darüber lache, bleibt dieses Gefühl, ich kann nichts dagegen machen. Selbst der Dalai Lama will die Reinkarnationslehre im Buddhismus abschaffen. Wenn es um die Wahrheit geht, ist Glauben nichts, was zählt. Ich habe gestern keinen Baba im Pashupatinath angesprochen, dazu war ich zu müde, zu tierfreundlich und zu sehr auf Schnupperkurs unterwegs, ich habe sie nur hier und da mit den Augen wie alte Kumpel begrüßt, die man seit einer oder mehreren Ewigkeiten nicht mehr gesehen hat. So ging es mir auch mit Kashinath vor 15 Jahren. Wie wird es mir mit ihm gehen, wenn ich ihn wiedersehe? Hoffentlich ist kein Handyhändler aus ihm geworden. So etwas soll es geben, dass Yogis abstürzen oder umsatteln.

Donner über Kathmandu, aber die Blitze sind noch fern. Scarlett berichtet von ihrem Telefonat. Es war Tilowan, ein nepalesischer Freund von ihr und, wie sie glaubt, der bessere Übersetzer für mich. Er hat lange in den Staaten gelebt, ist aber auch schon lange wieder hier. Tilowan sei der Baba-Experte schlechthin, sie würde sagen, er sei fast selbst einer. Er hängt dauernd mit ihnen im Pashupatinath rum, als sie mit ihm telefonierte, auch grad wieder.

»Um diese Zeit?«, frage ich. »Es ist nach Mitternacht.«

»Er ist bei den Aghoris. Es ist Vollmond, du verstehst?«

Oh nein, nicht die Aghoris. Es ist die kleinste Sekte unter den shivaistischen Baba-Orden, aber auch die berüchtigtste. Sie machen die ekligsten Sachen, denn ihr Weg zur Erleuchtung ist das Brechen aller Tabus. Fangen wir mal mit den harmlosen Riten an.

1. Sie trinken Alkohol.
2. Sie essen Fleisch.
3. Auch Menschenfleisch.

Man findet sie überall, wo Leichen verbrannt werden. Sie holen sich die Überreste, stopfen sie in die Augenhöhlen von Totenköpfen, murmeln Mantras, singen und verspeisen das dann. Sie sagen, sie tun das nicht, um ihren Hunger zu stillen, sondern um die Dummheit zu überwinden, die darin irgendetwas moralisch Verwerfliches sieht. Rein theoretisch akzeptiere ich das. Den Verstorbenen dürfte es völlig egal sein, was mit ihrem Fleisch passiert, und die Hinterbliebenen sollten froh sein, wenn das Zeugs wegkommt, bevor es verwest. Ob es die Hunde fressen oder die Babas, macht keinen Unterschied, wenn man die Angelegenheit tabulos ansieht.

Natürlich ist das nicht gesund, aber a) muss jeder selbst wissen, was er tut, und b) machen die Aghoris nur ungesunde Sachen, und zwar aus Prinzip. Die Überwindung des Körpers geht nicht mit Wellnessprodukten, und Asketen findet man nicht in Fitnessstudios. Sondern in Höhlen, in Dschungeln, auf Dornen. Sie fasten viel und schlafen wenig, und sie tun sich gerne weh. Schmerzen sind der Aghori Himmelbett. Also was soll's. Wenn es der Erkenntnis frommt und ihren Geist stark und furchtlos werden lässt, dann sollen sie das doch in Shivas Namen machen. Rein theoretisch komme ich damit klar. Rein praktisch aber möchte ich auf keinen Fall Kontakt mit Menschenfressern haben, nicht mal nahe kommen mag ich ihnen. Sie machen ja auch noch andere Sachen, um Tabus zu brechen, wie zum Beispiel Urin trinken und Exkremente, also Scheiße, essen. Und Leichen ficken sie auch. Klar, nicht weil sie geil sind, sondern aus religiösen Motiven, aber geil werden muss man dafür durchaus. Praktiziert Scarletts Freund an den Scheiterhaufen im Pashupatinath gerade eine oder mehrere dieser Unappetitlichkeiten mit den Aghoris?

»Nein«, sagt Scarlett, »natürlich nicht.«

Trotzdem bin ich froh, dass ich Nima habe. Und mit ihr morgen keinen Aghori suche, sondern einen Gorakhnath-

Baba. Die sind sauber. Innen, außen, oben, unten, der Bart, der Turban, das Hüfttuch, die Augen, jedes Detail an Kashinath strahlte Reinheit aus. Tabus müssen nicht immer schlecht sein. Sie können auch dabei helfen, Schlechtes zu unterlassen, ohne darüber auch nur eine Sekunde nachdenken zu müssen. Diese Tabus funktionieren wie Instinkte. Natürlich könnte ich auch die Furcht vor dem Tabubruch mit dem Mantra gegen die Angst besiegen, aber schlau wäre das vielleicht nicht.

Regen, Regen, Regen, Bier, Bier, Bier.

Und Scarlett legt Musik auf. Hammerguten Rock 'n' Roll. Wieder überrascht mich die Synchronizität unserer Geschmäcker. »Full power!«, ruft sie und wirft die Faust in den Donner über Kathmandu, denn das war der Abschiedsgruß von Tilowan eben am Telefon. Full power läuft sie durch die Wohnung, um den letzten Kram für ihre Reise einzupacken, und full power singt sie dazu, und nun wäre es schlau, mein Mantra zu benutzen, denn ich bekomme plötzlich Angst davor, ab morgen hier allein zu sein. Der Monster-Monsun, die Albtraum-Stadt, die ewigen Zweifel, ob mein Tun sinnvoll ist oder nur einer Schnapsidee entspringt, sowie eine gewisse Anhänglichkeit an den schönen Moment verderben mir die Vorfreude darauf, ab morgen nicht nur auf dem Balkon, sondern auch in ihrer Wohnung rauchen zu können.

Ewige Zweifel führen zu ewigen Entscheidungsschwierigkeiten. Hat es etwas mit Intelligenz zu tun, wenn man zu jedem klaren Gedanken den gegenteiligen Gedanken genauso klar parat hat? Und jeder ist richtig? Das mag zwar besser klingen als »jeder ist falsch«, aber es ist nicht besser, und wie steht's mit »beide sind richtig und falsch zugleich«? In jedem Fall muss man sich entscheiden. Entweder für die am wenigsten falsche oder für die richtigste der richtigen

Möglichkeiten, und wenn die klare Erkenntnis sowie ihr klares Gegenteil beides in sich tragen, dann geht's darum, welches richtig wichtig ist und welches falsch weniger schlimm. Ich leide darunter, nicht von Geburt an, aber schon lange. Und Entscheidungsschwierigkeiten führen zu Planungsunsicherheiten.

Ich wusste also selbst drei Tage vor meinem Abflug nach Kathmandu noch nicht, ob ich wirklich fliegen würde, weil die Zeit für diese Reise mir so richtig wie falsch erschien. Für Nepal war es die falsche Zeit, wegen dem Scheißwetter, für mich war es die richtige, wegen den Scheißterminen, die ich zu den besseren Reisezeiten hatte. Um nur ein Problem zu benennen. Und ist es überhaupt das richtige Projekt, in das ich starte? Ein Buch ist keine Reportage. Es frisst mich für mindestens zwei Jahre. Ein Jahr, um es zu schreiben, ein Jahr, um es zu präsentieren. Interviews, Talkshows, Lesungen. Welches Thema steht das durch? Welche Geschichte wird mir selbst nicht irgendwann so auf die Nerven gehen, dass ich sie verfluche? Starte ich in eine Reise oder in eine Falle?

Eine Nacht vor dem Abflug warf ich eine Münze. Ein Guru aus Bombay, der früher Bankdirektor gewesen war, hatte mir das vor zehn Jahren empfohlen. Die Kombination der Kompetenzen des Ratgebenden erschien mir damals ideal. Wenn Weisheit und Wirtschaft unisono sagen, dass es egal ist, wie man sich entscheidet, Hauptsache, man entscheidet sich, dann kann man das schon mal probieren. Seitdem werfe ich, wenn es hart auf hart kommt, eine Münze in die Luft und tue, was sie will. Aber es funktioniert auch korrupt. Wenn ich ihre Entscheidung bedauere, vergesse ich die Münze, weil ich jetzt auch selber weiß, was ich will. So oder so, die Münze fiel auf Kathmandu.

Full-power-Scarlett gesellt sich zu mir. Sie will wissen, wovon ich träume, denn meine Augen hätten grad so einen sehnsüchtigen Glanz. »Von einem Leben ohne Zweifel«, antworte ich, und als ich ihr von den Münzen erzähle, reagiert sie überrascht, nein, das stimmt nicht, es ist eine Stufe drüber, sie reagiert berührt. Ihr Vater, sagt sie, hat dasselbe gemacht. Immer wenn sich der Anwalt während einer Besprechung für ein paar Minuten entschuldigte, um in einem Nachbarraum ein Telefonat zu führen, wusste sie, dass er dort eine Münze warf.

»Und jedes Mal kam er aus dem Raum gut gelaunt wieder raus.«

Auf dem Balkon brennen nur wenige Kerzen, wir haben schummriges Licht, und ich sehe ihr Gesicht im Schatten. Die Umrisse, die Anmutung, die Augen und die Aura, und es fällt mir überhaupt nicht schwer, darin die zeitlose Schönheit folgender Wahrheit zu entdecken. Die Individualität des Seins bestätigt sich durch die Komplexität des Bewusstseins. Der Satz ist weder von mir noch von Einstein, sondern von Björn, meinem Nachbarn in St. Gallen. Er ist in einem Klub, in den man nur mit einem sehr hohen IQ reinkommt. Ich versprach ihm, die Urheberschaft nie infrage zu stellen. Außerdem kann man es auch einfacher sagen. Jeder Mensch ist einzigartig. Und weil das stimmt, gibt es auch irgendwo auf der Welt eine Frau, die besser zu mir passt als jede andere. Scarlett geht wieder rein, um weiter zu packen.

Regen, Regen, Regen, Bier, Bier, Bier.

Was wird aus mir?

Was aus Scarlett wird, ist klar. Sie wird morgen in Bangkok mit einem Italiener Sex haben. Und übermorgen vielleicht auch. Es ist ein alter Freund von ihr, und sie wohnt bei ihm. Und dann geht's weiter zu den Kängurus. Scarlett hat ihr

Leben im Griff. Ich nicht. Geht das überhaupt? Oder ist das Blasphemie? Also Teufelswerk. Sein Leben in den Griff kriegen. Gottgewollt funktioniert umgekehrt. Das Leben greift nach dir, sobald du geboren wirst, und es macht mit dir, was es will, bis du gestorben bist. Meine bisherigen Erfahrungen bestätigen das. Wäre alles so gelaufen, wie ich es wollte, säße ich heute nicht hier, sondern in Beverly Hills auf einem Balkon, sagen wir, mit Salma Hayek. Auf dem Foto, das sie mir gestern zeigte, sah die 17-jährige Scarlett übrigens auch wie die junge Salma aus. Schwamm drüber, das Leben hat es anders gewollt. Und was mache ich daraus? Was ist die logische Schlussfolgerung dieser Erkenntnis? Go with the flow und genieß es. Und wenn du es nicht genießen kannst, dann genieß das. Liebe deinen Blues.

Regen, Regen, Regen, Bier, Bier, Bier.

Während der nächsten Full-power-Pause reden wir ein bisschen familiär. Was ist aus ihrem schwulen Yogalehrer geworden, den ich in Neu-Delhi kennenlernen durfte? Er war so lustig, obwohl er es nie lustig gemeint hat. Und sein Yoga war ungewöhnlich schnell. Die Langatmigkeit sah er weder als zielführend noch unterhaltsam an.

»Dem geht's nicht gut«, sagt Scarlett.

»Warum?«

»Hautkrebs. Er hat das halbe Gesicht verloren.«

Das ist ein nur schwer zu liebender Blues. Und wie geht's ihrer indischen Haushälterin, der wunderbaren Amina? Hoffentlich besser. Sie sang während der Arbeit, sie trällerte unentwegt, sie war einer der glücklichsten Menschen, die ich je getroffen habe, unter anderem, weil Scarlett sie so gut bezahlte. Aber wirklich nur unter anderem. Und was Scarlett mir grad über Aminas Abschiedsworte an sie erzählt, bestätigt das. »Verzeihen Sie mir, Madam, wenn ich offen rede«, hat ihre indische Haushälterin gesagt. »Aber Sie denken zu viel.«

Regen, Regen, Regen, Bier, Bier, Bier.
Und es ist fast vier.

Scarlett wirft full power ein paar Tabletten ein, um vor ihrer Abreise noch ein bisschen Schlaf zu bekommen, ich halte die Stellung und denke über das Zu-viel-Denken nach. Amina hat zu Scarlett etwa dasselbe gesagt wie der junge Krieger zu Tom Cruise in »The Last Samurai«. Entschuldigung. Ich liebe diesen Film. Ich liebe Tom Cruise, und ich liebe meinen Regenschirm. Samurai sind ein Hobby von mir. Erst war Tom ihr Gefangener, doch schnell wurde er ihr Freund und Verbündeter, und sie brachten ihm den Schwertkampf bei. Mit Stöcken nur, denn sonst hätten sie aus einem Tom schnell mal zwei oder vier gemacht. Er verlor jeden Trainingskampf in wenigen Sekunden, bis einer der jungen Samurai, der das nicht mehr länger mit ansehen konnte, ihm die magischen Worte zuraunte.

»Nicht so viel bedenken.«

Und was hat Jesus gesagt? »Selig sind die geistig Armen, denn ihrer ist das Himmelreich.« Sie sagen alle dasselbe. Denken ist gut. Nicht denken ist manchmal besser. Und wenn du was zu tun hast, dann: Tunnelblick. Und vor allem: keine Angst vor dem Tod, vor dem Teufel und vor dem Fernsehen.

7. KAPITEL

WIE ICH MIT DEM MANTRA DIE ANGST VOR DEN TALKSHOWS ÜBERWAND

BERLIN, 15 JAHRE ZUVOR

Die Türme waren grad gefallen, die Berlinale auch auf 'ne Art, aber immer noch war es ein großer Moment in der Englischen Straße, wenn die Huren Feierabend machten. Weil es schon tagsüber, aber erst recht in der Nacht kaum Verkehr auf ihr gab, konnten sie alle nebeneinandergehen. Fünf, sechs oder sieben Frauen mit hohen Absätzen und hoch getragenen Dekolletés marschierten in einer Reihe wie in einem Rappervideo oder einer Szene aus irgendeinem neuen Tarantino die Englische Straße herunter auf mich zu, wenn ich auf der Bank vor dem Puff mein letztes Absackerbier trank. Das war toll, aber am nächsten Tag ging es ja wieder los.

Nachdem der Dinosaurier unsere Hofmauer gefressen hatte, begann Mercedes mit den ernsthaften Bauarbeiten. Zuerst rissen sie alles links und rechts vom Haus weg, dann wurden Betonplatten im Erdreich gesprengt, um Baugruben für Tiefgaragen ausheben zu können. Grundwasser wurde verdrängt und an anderer Stelle gehoben, das Haus wackelte, Risse entstanden, der Seitenflügelkopf brach, die Holzbalkendecken bewegten sich in den Verankerungen, Putz regnete von der Decke. Das Haus wurde deshalb mit Stahlseilen wie ein Paket verschnürt, was trotzdem nicht verhindern konnte, dass die Fensterstürze vom Keller bis zum Dach durchgängig brachen. Nebenbei: Irgendwer genehmigte, dass auf diese Art von 6 Uhr morgens bis 22 Uhr durchgearbeitet werden durfte. Sechs Tage die Woche. Entweder wurden hier Lärmschutzverordnungen mit Füßen getreten, oder die Mieter der Englischen Straße 29 genossen so viel Rechte wie die Bewohner von Ramallah unter Scharon.

So viel (erst mal) zu den schlechten Nachrichten. Die guten: Es war billig, hier zu wohnen, und noch mal billiger zur Untermiete. Ich war für eine Handvoll Euros bei Dirk, einem genialen Programmierer im ersten Stock, untergekommen, denn ich war wieder mal pleite, weil arbeitslos, und, was noch schlimmer war, pleite und arbeitslos aus eigener Schuld. Ich hatte mir über 30 Jahre in unserer Branche einen guten Namen als Reisereporter gemacht und ihn in nur zwei Jahren in Havanna vergeigt. Zu viel Koks, Rum, Salsa und Sex, und als ich nach zwei Jahren wieder zurück nach Deutschland musste, überwand ich die Trauer um das verlorene Paradies mit zu viel Ecstasy, und schon war es passiert. Ich kriegte nichts mehr auf die Reihe, ich wurde 50, und ich hatte finanzpolitisch nach einer schlauen Devise gelebt. Geld ist wie Wasser. Es muss weiter fließen, sonst wird es zu einem stehenden Gewässer und beginnt zu stinken. Als aber auch nichts mehr reingeflossen kam, bereute ich meine Naivität. Warum hatte ich auf Hippies gehört und nicht auf die alten Chinesen? Konfuzius sagt: Teile dein Einkommen durch drei. Ein Drittel für geschäftliche Investitionen, ein Drittel für das Alter, ein Drittel für das tägliche Leben. Das erste und das dritte Drittel lagen mir. Ich hatte mich nie gescheut, die

Honorare, die ich für meine Reisereportagen bekommen hatte, in neue Reisen zu investieren und alles darüber hinaus unter die Leute zu bringen. Aber das zweite Drittel war nie mein Pläsier gewesen. Außerdem war ich nach dem Ecstasy depressiv geworden. Scheiß Spiel, und gegen die scheiß Existenzängste, die daraus erwuchsen, war die Angst vor Hunden und Türstehern Kinderkram. Sie quälte mich von früh bis spät und darüber hinaus, selbst im Schlaf wälzte sie mich hin und her. Nicht immer drehte sie mir den Magen um, aber als Schatten, der sich vor jedes Licht zog, jeden Sonnenschein, jedes Lächeln, war die Existenzangst immer präsent. Und es wurde immer schlimmer. Es ging nur noch bergab. Fast zwölf Monate lang. Zum Ende dieses Hungerjahrs ging ich in den Himalaja. Ende der schlechten Nachrichten. Die guten sind mittlerweile bekannt. Keine Depressionen mehr nach meiner Rückkehr und eine Geheimwaffe gegen die Angst. Aber keine gegen Mercedes. Wenn bis 22 Uhr an Arbeit nicht zu denken ist, kann man natürlich in der Nacht schreiben, aber wenn ab 6 Uhr in der Früh wieder der Beat von Bohrer und Bagger beginnt, wann kann man dann schlafen?

Thema jedes Gesprächs unter den Hausbewohnern wurden deshalb die verschiedenen Strategien gegen den Lärm. Normales Ohropax gegen konstanten Maschinenlärm empfahl Harald, gegen den Terror der Metallsägen benutzte mein Zimmervermieter aus der Beletage Spezialohrstöpsel, die für Flugzeugtechniker entwickelt wurden, Herr Tercic, der Hausmeister, griff zu Kopfhörern mit bosnischer Popmusik, um sich vor den Presslufthämmern zu schützen, und gegen die Königsklasse im Baulärm (Schlagvibratoren zur Härtung von Beton) schwor ein Künstler aus dem vierten Stock auf voll aufgedrehte Stereoanlage mit Vogelstimmen-CD.

Doch trotz dieser Erfolgsgeschichten litten hier alle unter einer hurtig fortschreitenden Zerrüttung des Nervensystems und wünschten den guten Stern auf allen Straßen zur Hölle, obwohl sie ihn noch immer liebten, weil sie entweder einen Mercedes fuhren oder mal einen hatten oder einen haben wollten. Das nennt man schizophren, und des Künstlers Beziehung zu unseren Nachbarn war die schizophrenste von allen, denn er hatte erst kürzlich eine Ausstellung im Stuttgarter Kunstverein gehabt. Hauptsponsor: Mercedes. Nach der Ausstellung lagerte er die Skulpturen in seinem Keller ein. Zu diesem Zeitpunkt wurde das Haus mit Beton unterfahren. Nachdem er abgehärtet war, wurde der Beton von den Seiten aufgebohrt, um Stahldrähte durchzuschießen. Dabei verhielt sich das Haus, als stünde es auf einem Trampolin. Wassergläser wanderten über Tische, Bilder gaben der Schwerkraft nach, Schubladen öffneten sich ungefragt. Als die Trampolin-Stahldrähte unter dem Haus wieder entfernt und die Bohrnadeln zurückgezogen wurden, bildeten sich Löcher in den Kellerräumen, und Beton quoll durch den Boden. Die Ausstellungstücke wurden zerstört. »Der Sponsor hat's gegeben, der Sponsor hat's genommen. Gepriesen sei sein Name«, sagte unser Künstler dazu.

Und eines Morgens klingelte zwischen zwei Erdbeben mein Telefon, und das Fernsehen war dran. Eine junge Frauenstimme sagte, sie sei vom deutschen MTV und wolle mal fragen, ob ich nicht in ihre Literatur-Talkshow kommen wolle.

»Mit was?«

»Na, mit ›Tiger fressen keine Yogis‹.«

Ich hatte das Buch schon aufgegeben. Es war ja eigentlich auch kein Buch, sondern Notwehr gegen das Vergessen gewesen, als ich in dem schlechten Jahr zuvor die besten Geschichten aus allen guten Jahren in einem Buch versammelt hatte. Ein kleiner Verlag aus Münster hatte es zur letzten Herbstmesse herausgebracht, denn ein großer hätte das nicht gemacht. Ich war so out wie eine Tennissocke, und es hatte dann auch niemanden interessiert. Zum Zeitpunkt meines

Abflugs in den Himalaja hatte es bei Amazon den Ranglistenplatz 300 000 und irgendwas belegt und sich von dort bis zu meiner Rückkehr nach Berlin auch nicht wegbewegt. Das Buch war kein Bestseller, und der Autor war nicht jung. Also was wollte MTV von mir? Die Redakteurin sagte es mir mit einem verlegenen Unterton.

»Können Sie gleich morgen?«

Alles klar. Mein Notwehrbuch traf auf eine Notfallsituation. TV-Talkshows laden ihre Gäste in der Regel Wochen und Monate vorher ein. Wenn sie »morgen« sagen, ist einer vorzeitig tot umgefallen oder sonst wie verhindert, oder er hat, auch das kommt vor, einfach keinen Bock mehr. Wenn das einen Tag vor der Sendung passiert, nehmen Talkshows mit großen Runden jeden, der es nötig hat, um die Lücke zu füllen, und Talkshows mit nur einem Gast nehmen jeden, den sie ans Telefon kriegen.

»Wer ist der Moderator?«, fragte ich.

»Benjamin von Stuckrad-Barre«, sagte sie.

Ich begann sofort, mein Mantra zu murmeln, nachdem ich aufgelegt hatte. Das war die Chance, wieder ins Geschäft zu kommen, und wenn ich mich nicht täuschte, war es auch die große, weil weit und breit die einzige. Wenn ich die vermassel, dachte ich, muss ich noch lange kleine Brötchen backen, vielleicht noch bis ans Ende meiner Tage, und wenn man so lange kleine Brötchen backen muss, werden sie immer kleiner und kleiner. Eine große Chance gebiert aber auch die große Angst, sie zu vergeigen, außerdem bot sie mir das Fernsehen. Jeder normale Mensch hat Angst vor der Fernsehkamera, auch wenn es nicht um Chancen geht. Da geht es dann nur um die Möglichkeit, sich zu blamieren oder einfach nur doof auszusehen. Es ist die Angst, im Scheinwerferlicht vor einem Millionenpublikum zu stehen und nach den Worten zu suchen, die einem gerade fehlen, und noch schlimmer ist die Angst vor dem gegenteiligen Geschehen – dass man zu viel redet und immer nur das Falsche, obwohl es richtig ist.

Die Wahrheit ist nicht immer richtig, und richtig ist nicht immer wahr. Dem Publikum zu erklären, wie wichtig es ist, das Buch zu kaufen, weil ich pleite bin, ist nicht richtig. Das ist nur wahr. Ebenfalls nicht richtig ist, ihm zu berichten, dass man von der ersten in die dritte Liga abgestiegen ist, also von *Stern*, *Spiegel*, *Geo*, *Zeit* et cetera zum Lokaljournalismus und dort zum Boulevard. Ich schrieb seit einem Jahr für die *BZ* in Berlin, um mich über Wasser zu halten, und drohte trotzdem zu ertrinken. Nicht richtig ist es auch, von seinen Existenzsorgen zu reden, von den schlaflosen Nächten und ihren Visionen von Sozialamtfluren oder der Bettelschale. Das muss das Publikum nicht erfahren. Und auch nicht die MTV-Redaktion. Und was ist, wenn die es schon wissen? Es sind Journalisten. Und was ist mit Benjamin? Der weiß es bestimmt. Will er mir helfen? Oder mich verarschen? Die Redakteurin hatte mich nach meiner Zusage gefragt, wie sie mich vorstellen sollten. Als wen? Als was? Wofür ich im Journalismus stehe? Reisereporter? Abenteurer? Edelfeder? Und ich hatte um Bedenkzeit gebeten, weil ich nicht Murmelzeit sagen wollte. Das Mantra brauchte nicht lang, um mich angstfrei zu kriegen, und ich rief sie zurück.

»Ich weiß es jetzt. Stellt mich als Deutschlands schlechtesten Journalisten vor.«

»Warum denn das?«

»Ich bin Legastheniker, und ich bin schwerhörig. Das Erste ist schlecht für die Redakteure, die mich korrigieren müssen, das Zweite ist schlecht bei Interviews. Außerdem kann ich keine Interviews vor dem Nachmittag machen, weil ich so ein elender Langschläfer bin.«

Ich ging hoch zu Endi Effendi. Auch ein Hausgenosse und darüber hinaus einer meiner besten und ältesten Freunde. Er wohnte neben dem Künstler in der vierten Etage und war schon vor mir hier gewesen, nur durch ihn war ich in die Englische Straße geraten. Ich traf ihn leider in einem bedauernswerten Zustand an. Auch Endi Effendi kam durch das Maximum an Discomfort, wie die Amerikaner ihre Folter nennen, an seine Grenzen und darüber hinaus. Er denke darüber nach, sich eine Schusswaffe zu besorgen, sagte er zur Begrüßung. Wenn er jeden Tag ein paar Bauarbeitern von Mercedes ins Bein schießen könnte, würden bald keine mehr kommen. Natürlich hätte er das niemals wirklich getan, denn sein Vater hatte nur gut über die Marke gesprochen.

»Egal, was du später tust und arbeitest, mein Sohn, ganz egal, was es ist und wo: Mach es immer so wie ein alter Mercedes. Eine Verbrennung nach der anderen. Und keine auslassen.«

»Warum, Papa?«

»Weil es gut ist, alles, was man anfängt, zu Ende zu bringen. Sicher zu Ende zu bringen. Mit entspannten Organen, Beinfreiheit und Hut.«

Mehr Bezüge hatte Endi Effendi bis zu seinem Einzug in die Englische Straße nicht. Er hatte nie einen Führerschein gemacht. Er hatte nie Interesse daran, ein Auto zu fahren. Er interessierte sich nie für Fußball. Nie für Poker.

»Beim Autofahren lernt man, Kontrolle in Mechanik zu transformieren. Beim Fußball lernt man, im Team zu kämpfen. Beim Pokern lernt man, Gewinn und Verlust mit Kälte zu ertragen. Alle drei Sachen wollte ich nie lernen.«

Ich liebte Endi Effendi für Worte wie diese. Sie waren immer druckreif. Und er hatte sie zu jedem Thema parat. Er hatte einen großen Kopf, ein großes Gehirn, einen großen Humor und immer große Geldprobleme. Es kommt in den besten Familien vor, dass Genies nachhaltig erfolgsbehindert sind, dafür muss man sich nicht schämen, und er tat es auch nicht. Er trug sein Schicksal mit dem Stolz einer Intelligenz, die aus der Vogelperspektive auf das Menschengeschlecht hinunterblickt. Selbstverständlich war genau das der Grund für seine Misserfolge. Egal, in welchem Laden er mitzuwirken begann, Film, Funk und Fernsehen oder gern auch in der Werbung, es lief immer gleich ab. Erst Begeisterung, dann Entgeisterung seitens der neuen Partner, weil man Endi Effendis Geistesblitze nur so selten oder nie auf den Boden des Machbaren und ökonomisch Sinnvollen bekam. Das war ein Grund. Ein anderer: weil nach Endi Effendis ersten Charmeoffensiven immer sehr schnell der Tag nahte, an dem er mehr Geld wollte, viel mehr als abgemacht und auch viel mehr, als man sich leisten konnte, denn Endi Effendi orientierte seine Honorarforderungen nur an den Spitzengehältern der jeweiligen Branche. So wurde er zum armen Privatgelehrten und Privatexperten für eigentlich alles, aber seine eigentliche Profession war die Küchenphilosophie, und seine Leidenschaft gehörte den Medien. Und natürlich kannte er die Literatursendung von MTV und ihren Moderator.

»Wer ist Stuckrad-Barre?«, sagte er. »Und wer bist du?«

Und weil ich nicht antwortete, tat es Endi Effendi für mich.

»Er ist in, und du bist out. Er weiß das nicht nur, er glaubt es auch.«

»Woher weißt du das?«

»Einer seiner Mitarbeiter hat es mir erzählt. Benjamin hält dich für einen Yesterday Man. Aber Kompliment, Helge. Mit deinem ›schlechtester Journalist Deutschlands‹ hast du ihm allen Wind aus den Segeln genommen.«

Und Endi Effendi lachte sich erst mal schlapp.

Am nächsten Abend wusste ich nicht, was ich tat. Gehe ich zu einer Fernsehshow oder zur Guillotine? Geld für ein Taxi war nicht da. Endi Effendi, der mich begleitete, glättete die Wogen. »Es ist weder das eine noch das andere. Es ist nur eine Prüfung, auf die du dich zubewegst. Mehr nicht.« Er war nicht nur mein bester und ältester Freund, er war auch mein bester und ältester Neider. Alles, was ich konnte, das konnte er besser, nur besser davon leben, das konnte er nicht. Das quälte ihn, und um diese Qual zu lindern, goss er ganz gerne mal ein bisschen Öl ins Feuer, wenn sich die Gelegenheit dazu bot. Es musste nicht stimmen, was Endi Effendi gehört und gesagt hatte, und wenn es stimmte, war noch offen, was Benjamin daraus machte. War er mildtätig? In dem Ruf stand er nicht. Es war also höchste Zeit, das Mantra im Kehlkopf rotieren zu lassen, aber ich vergaß es, weil Endi Effendi so gesprächig war, und kam gänzlich ungemurmelt ins Studio, und als die Scheinwerfer aufflammten, geriet ich in helle Panik. Das war nicht die Guillotine, das war das Jüngste Gericht. So fühlte sich das an, andere Gründe dafür gab es nicht, denn Benjamin war eigentlich sehr nett. Die Sendung verlief in zwei Teilen. Der erste, und kürzere, gehörte dem Moderator allein, dann kam eine Pause, erst danach war ich dran. Glücklicherweise konnte ich auf den Monitoren an der Wand beobachten, wie ich vor der Pause dabei aussah. Der Körper verkrampft, die Angst fieberte mir aus den Augen.

In der Pause bat ich Endi Effendi darum, mich mal für einen Moment allein zu lassen, ging nach draußen, und das Mantra gegen die Angst drehte seine Runden. Danach fürchtete ich weder Tod noch Teufel und auch nicht das Scheinwerferlicht, im Gegenteil, es euphorisierte mich. Und wo keine Angst mehr ist, da ist auch kein Opfer. Der Tiger fraß den Yogi nicht, und ich führte ein entspanntes Gespräch mit Benjamin darüber, warum das so ist, und nach der Sendung sprang mein Tigerlein vom Amazonrang 300 000 und irgendwas in die Bestsellerlisten.

Von nun an schrieb ich Jahr für Jahr ein Buch und war Jahr für Jahr im Fernsehen, und es war immer dieselbe Procedure. Spätestens eine Woche vor der Sendung ging es los.

Was will ich erzählen? Und was besser nicht? Die Talkshow im Kopf, der Probelauf der Dialoge. Was sage ich, was sagt der Moderator, und was dann wieder ich? Und wie bleibe ich cool, wenn mich die Zicke vom Dienst anmacht oder der Zickerich, weil ich so ein Macho bin? Und vergiss auch deine Mutter nicht. Kein Wort über Drogen, und wenn man das alles, plus einiges mehr, zusammennahm, kamen unterm Strich viel zu viele Bedenken dabei heraus, und daraus wiederum quoll wie aus einem gebrochenen Wasserrohr die Angst hervor. Es wurde mit jedem Tag schlimmer, mit jeder Nacht noch schlimmer, und wenn der Morgen des Jüngsten Gerichts anbrach, übernahm das Mantra. Warum ich es nicht schon vorher benutzte, weiß ich nicht genau. Vielleicht brauchte ich den Druck.

Vom Frühstück bis in den TV-Sender murmelte ich mein Ding, auch von der Garderobe in die Schminke und wieder zurück, und wenn es dann daran ging, die letzten Meter, und von einer Assistentin geführt, durch immer enger werdende Gänge dem Aufnahmestudio zuzustreben, war es so weit, und ich dachte an nichts mehr, absolut nichts, außer dass es sich großartig anfühlt, wie ein Boxer auf den Ring zuzugehen. Die Angst hatte sich in Kampfeslust gewandelt, die Nervosität in Energie. Und mit dem Scheinwerferlicht verhielt es sich auch immer gleich. Es gibt Tageslichtlampen gegen depressive Zustände und Melancholie, die kriegt man in jedem Bauhaus, und so ungefähr muss man sich das vorstellen, wenn die Scheinwerfer aufflammen, nur wirkungsvoller. Strahlend helles Licht drang zu 20 Prozent durch die Haut und zu 80 Prozent über die Netzhäute in mein Gehirn und schaltete dort die Glückshormone frei.

8. KAPITEL

4. TAG IN KATHMANDU

Ich bin früh auf, um Scarlett zu verabschieden. Sie trägt eine königlich-nepalesische Ganzkörperhose, die so bequem wie ein Jogginganzug wirkt, und betrachtet ihr Gepäck. Ich mache dasselbe. Wäre es meins, müsste man sagen, dass ich einen Umzug in Angriff nehme. Zwei Koffer in Übergrößen, zwei normale sowie ein großer und ein kleiner Rucksack. Wir schleppen den Unsinn mit Sulas Hilfe die Treppe runter, durch den Garten, vor das Tor und noch ein paar Schritte weiter zum Taxi. Wir umarmen uns, sie steigt ein, ich kann ihr maximal zehn Sekunden hinterherwinken, dann ist sie um die nächste Ecke und damit verschwunden. Wenn es traditionell mit uns weitergeht, sehen wir uns irgendwo auf dieser Welt in fünf oder sieben oder zehn Jahren wieder oder, eingedenk des Alters, dessen wir uns beide mittlerweile erfreuen, möglicherweise auch gar nicht mehr.

Goodbye happiness, hello Nima, die auch ganz happy ist. Allerdings nicht zu 100 Prozent, denn es regnet zu stark für den Pashupatinath. Sie schlägt vor, morgen hinzugehen, der Wetterbericht gebe für den nächsten Tag grünes Licht. Ist das so? Werden Yogis zwar nicht von Tigern gefressen, aber vom Regen so nass wie du und ich? Und wenn ja, was ich annehme, was bedeutet das? Sind sie dann in der Tempelanlage nicht zu sehen? Echte Asketen sind wetterunabhängig, nur die falschen bleiben zu Haus oder gleich im Bett. Weil auch die Film- und Fernsehbranche oder die Werbung oder wer sonst noch in Nepal Schauspieler braucht, durch die Wirtschaftskrise, das Erdbeben und den Bürgerkrieg am Boden liegen, ernähren sich mittlerweile viele Schauspieler davon, im Pashupatinath den Baba zu mimen, und weil sie Profis sind, machen sie das ziemlich gut. Perfekt geschminkt und mit Asche bestäubt, betteln die falschen Bettelmönche so erfolgreich Touristen an, dass viele von ihnen darin inzwischen die Rolle ihres Lebens sehen. Nur die machen beim Regen eine Drehpause, die echten nicht. Trotzdem gebe ich Nima recht.

Ich bleibe daheim und decke mich im Nachbarshop mit Nescafé, Milchpulver, Eiern, Haferflocken und Bananen ein. Ohne es zu wissen, schleiche ich mich damit in das Herz der Haushälterin, die, wie ich, die einfachen Lösungen liebt. In Scarletts Muster- und Museumsküche wäre alles möglich. Filtertüten, Espressokocher, Cappuccinomaschine, und wenn man will, kann man auch antike Mühlen drehen, um ganze Bohnen kleinzukriegen, aber Sula und ich lieben Nescafé, das schnell gerührte Heißgetränk. Das ist normal für einen, der auch Tom Cruise liebt. Aber wie geht es ihr damit? Dafür reicht das Englisch der Haushälterin. »Oh«, sagt sie, »Tom Cruise very good.« Und schon sind wir Verbündete.

Regen, Regen, Regen, Nescafé, Nescafé, Nescafé.
Und sonst so?

Langeweile ist nicht meine Stärke, darum übe ich mich darin, aber ich tu es nicht gern. Ich checke Mails, scrolle Facebook und gehe wieder ins Bett. Aber kann nicht schlafen, und einfach nur so rumliegen macht mich rasend. Ich stehe wieder auf und setze mich auf den Balkon, um festzustellen, dass Regen bei Tag was anderes ist als Regen bei Nacht, weil die Dunkelheit fehlt, die den Ausblick erträglicher macht. Der unverputzte Schnellbeton in Scarletts Nachbarschaft hat einfach nicht die Klasse für Reiseinspirationen. Ja, wenn es ein Bambushain wäre, mit einem Bambuspavillon und einem Lotusteich, auf den der Regen fiele, dann könnte ich hier ohne einen Laut der Klage noch den ganzen Nachmittag sitzen und das Bild tief in meiner Seele versenken.

Ich halte es aus, mehr nicht, und das ist eigentlich zu wenig, wenn man bedenkt, wie kurz das Leben ist. Naturgemäß denke ich jetzt öfter daran als mit 17 oder mit 7 oder 27, 37, selbst mit 57 interessierte mich das alles nicht die Bohne und, let's face it, gestern, heute und augenblicklich auch nicht. Das Erschrecken betrifft nicht die Zukunft, sondern die Vergangenheit. Wie schnell sie vergangen ist. Als ich jung war, haben mir die Alten genau das prophezeit. Es geht rasend schnell vorbei. Ich glaubte es ihnen nicht. Ich wusste nicht mal, wovon sie reden. Vor mir lag eine Ewigkeit. Jetzt weiß ich, was sie meinten, und ich weiß auch, dass ich es keinem Jungen erzählen muss, es wäre verschwendeter Atem. Mir muss ich es erzählen, dass die Zeit, die mir noch bleibt, zu wertvoll ist, um sie hier mit Langeweile zu vergeigen.

Am Nachmittag lässt der Regen nach, ich schnappe mir meinen Samurai-Schirm und komme endlich raus. Ich will zur

Stupa, ich habe Hunger und Lust auf einen Rotwein mit Buddha bei Moon. Zum ersten Mal gehe ich allein dort hin, und ich will mich nicht verlaufen, darum nehme ich nicht die kleinen Zickzackgassen, sondern die Bodnath Main Street, die hässlich, aber unkompliziert zur Stupa führt, und wundere mich, wie wenig auf ihr los ist. Die meisten Geschäfte sind schon geschlossen, die letzten machen dicht, während ich an ihnen vorübergehe, Passanten sieht man auch nicht viele, selbst der Straßenverkehr ist grad nicht so doll. Ach ja, es ist Freitag, und der Freitag ist der Sonntag in Nepal, und schon beginnt es wieder zu regnen. Nun kann mein Samurai-Schirm zeigen, was er draufhat, aber ich bekomme den Überzug nicht schnell genug herunter, und es gießt bereits volle Kanne. Ich flüchte unter ein Blechdach und gönne mir eine Zigarette. Um mich herum ist kein Mensch zu sehen, kein Freund, kein Himmel, wenig Licht, viel Schlamm. Wenn der Ausblick von Scarletts Balkon schon öde ist, dann wäre das hier die Spitze des Bekloppten, wäre man als Tourist unterwegs, aber als Samurai geht's. Mutterseelenallein im Monsun fühlt sich plötzlich völlig normal an. Das ist stark. Im Paradies kann jeder gut drauf sein, nur wer es auch in der Hölle schafft, hat den Code geknackt.

Wer gleich sich bleibt
bei Freud und Leid,
der reift für die
Unendlichkeit.

Das ist der einzige Satz, den ich aus der Bhagawadgita behalten habe. Sie ist eine der Bibeln des Hinduismus und wie ein Lied geschrieben. Besungen wird das Gespräch zwischen Krishna, dem Gott, und Adjuna, dem Fürsten, während der Streitwagen rollt und die Kampfhörner blasen. Weil das Leben quasi immer und überall ein Kampf ist und die schmale

Reclam-Ausgabe der Bhagawadgita in jede Brusttasche passt, las ich in jungen Jahren oft in ihr, aber auch wegen der schönen Reime. 700 Strophen, doch ich erinnere mich nur an diesen einen. Das ist besser als an keinen. Sollte man meinen. Mich in Gleichmut übend, gehe ich zurück nach Haus und sitze den Regen aus. Wie eine Maus (im Wasserfilter).

Ich liebe Reime, klar, ich liebe ja auch Tom Cruise und Nescafé. Reime erhöhen die Lesegeschwindigkeit. Auch glaubt man ihren Botschaften eher als dem ungereimten Zeugs, denn Großmutters Weisheiten kamen immer in Reimen daher. »Wenn der Hahn kräht auf dem Mist, ändert sich das Wetter, oder es bleibt, wie es ist.« Mehr Wahrheit geht nicht. Und wenn der Hahn nicht kräht, stimmt das auch. Und sollte man doch mal Zweifel daran in sich tragen, kann man immer noch den Wetterdienst fragen.

Und Nima.

Mein Smartphone beginnt, den Wiener Walzer zu intonieren. Das ist sein Klingelton. Scarlett ruft aus Bangkok an. Sie muss mir unbedingt erzählen, was ihr in der Ankunftshalle des Flughafens geschah. Sie hatte eine Erscheinung. Elvis kam ihr entgegen. Als Thai. Das perfekte Double, die Haare, die Brille, der Glitzeranzug, aber Thai. »Welcome in Bangkok«, sagte er, und: »You need taxi, Madame?« Seine Limousine war mit Elvis lackiert, auch der Innenraum lückenlos mit Elvis tapeziert, und natürlich spielte er Elvis während der Fahrt, so laut wie möglich, und sang mit. Als es ans Bezahlen ging, gab er Scarlett seine Visitenkarte. Und ob ich wissen will, was draufsteht.

»ELVIS – AIRPORT« und »Pay me tender, pay me true«.

»Das ist Bangkok, Helge. Und du? Was machst du ohne mich in Kathmandu?«

»Ich langweile mich ohne dich. Außerdem regnet es den ganzen Tag.«

»Ach, Sweetheart, dann lies was. Dafür ist Regen doch da. Im Salon findest du genug Bücher, die dir gefallen werden. Hast du ›Water Music‹ gelesen?«

Ja, habe ich. Vor Jahrzehnten und vor ein paar Jahren noch einmal. Und ich hatte das Buch auch schon im Salon gesehen. Ich könnte mir durchaus vorstellen, es ein drittes Mal zu verschlingen, aber nicht im Original. T.C. Boyles Sprache ist zu verspielt für mein Englisch. Das reicht nur für Hemingway. Oder Bukowski, auch Hunter S. Thompson und Jack London kann ich in Englisch so wegputzen wie in meiner Muttersprache. Ich brauch die einfachen Sachen, Leute, die nicht viel Worte machen, Tom Wolfe hätte mich auf Englisch zum Kotzen gebracht. Alles Ausreden, ich weiß. Die Wahrheit ist:

»Ich habe dir neulich keinen Scheiß erzählt, Scarlett. Niemand liest mehr Bücher. Auch ich nicht. Es sei denn, ich werde dafür bezahlt.«

9. KAPITEL

WIE ICH MIT DEM MANTRA DIE ANGST VOR DEM LESER ÜBERWAND

GANZ DEUTSCHLAND UND DA ÜBERALL, 15 BIS 5 JAHRE ZUVOR

Es war nicht mehr grad eben, als die Türme gefallen waren, und auch Mercedes nervte nicht länger, denn ich hatte Berlin längst verlassen, und mein alter Freund Endi Effendi lebte nicht mehr. Zwei Schlaganfälle. Einer zur Einstimmung, ein Finalist. Beim ersten fand man Endi Effendi früh genug, um ihn zu reaktivieren, aber er war danach nicht mehr wie davor. Seine Genialität war ausradiert, ebenso sein Selbstvertrauen, das auf ihr beruhte. Er suchte öfter nach Worten, was früher nie der Fall gewesen war, und seine Hände zitterten, wenn das passierte. Er hatte ein Scheißangst davor, dass sich der Schlaganfall wiederholte, und als kam, was er kommen sah, fand man ihn erst nach einer Woche. Endi Effendi lebte noch, aber im Koma, und sein Gehirn war Matsch.

Zwei Wochen später stellten die Ärzte die Maschinen ab. Ein einfacher Knopfdruck, ein herber Verlust. Wenn alte Freunde sterben, bekommen Schicksal-Netzwerke einen Riss. Noch rissiger wird es, wenn sie Geistesgrößen waren.

Dann stirbt nicht nur der Freund, dann verschwindet auch die Quelle. Ich hatte mich oft an ihr gelabt. Nun war sie versiegt.

Oder nicht?

Zweifel daran kamen immer dann auf, wenn ich mich bei meinen Lesungen des Eindrucks nicht erwehren konnte, dass Endi Effendi neben mir auf der Bühne saß oder über mir schwebte, nicht, um mir zuzuhören, sondern um mir zu helfen, weil er ein schlechtes Gewissen hatte. Denn noch schmerzlicher als der Tod meines alten Freundes war die Offenbarung, dass er kein Freund gewesen war. Erst nach seinem Tod las ich in einem esoterischen Magazin einen alten Text von ihm, in dem er mich nicht nur runtermachte, sondern auch unsere Freundschaft verleugnete, das Ganze war von Neid, Eifersucht und Missgunst getrieben und noch dazu schlecht geschrieben. Ich hätte ihm sofort die Freundschaft kündigen müssen, aber es ging ja nicht mehr, und ich kam mir eine Zeit lang ziemlich verarscht vor. Bis eine gemeinsame Freundin eine meiner Lesungen besuchte und mir nachher sagte, sie habe den Geist von Endi Effendi über mir gesehen. Sie ist keine Esoterikerin, sie meinte das bildlich. Meine Mimik, meine Erzählweise, meine Witze, in allem hatte sie Endi Effendi entdeckt und Tränen gelacht.

So kann es natürlich auch gewesen sein.

Als Endi Effendi ins Paradies eintreten wollte, wurde er von dem Torwächter gestoppt.

»Du hast einen Freund verraten, du kommst hier nicht rein. Es sei denn, du machst es wieder gut.«

»Alles klar. Wo liest er morgen?«

Mit den Büchern kamen die Lesungen, und mit ihnen eine Angst zurück, die ich längst überwunden zu haben glaubte.

Der Leser und vor allem die Leserin waren drei Jahrzehnte lang anonyme Wesen für mich. Ich stellte sie mir freundschaftlich gesinnt vor, allerdings auch ungeduldig, weil ich mein eigenes Leseverhalten als Vorbild nahm. Wenn mich ein Buch im ersten Absatz nicht packt, steige ich aus. Davor, dass sie dasselbe tun, hatte ich Angst. Ich entwickelte verschiedene Strategien, sie zu überwinden, als die beste erwies sich eine Verrückung der Prioritäten. Weg vom Leser, hin zum Werk. Natürlich stellt auch das Buch hohe Anforderungen an Autoren, aber es ist nicht so ungeduldig. So verlor ich meine Angst vor dem Leser. Bei den Lesungen kam sie wieder. Die Angst des Autors vor der Stunde der Wahrheit, in der sich die tatsächliche Wirkungskraft seiner Worte erweist, die Angst vor einem Publikum, das aufstehen und weggehen kann, aber auch die Angst vor denen, die sich zum Sitzenbleiben gezwungen fühlen, die Angst vor dem höflichen Applaus sowie die Angst vor der Menge und die vor ihrem Gegenteil, die Angst, ob überhaupt jemand kommt. Auf meiner ersten Lesung saßen vier Leute auf den Stuhlbänken des Buchhändlers, und nur, weil der seine Angestellten dazu verdonnert hatte, sich zu ihnen zu gesellen, wurden es dann sieben oder acht. Außerdem waren wir in Kiel. Aber der Buchhändler hatte mich vorher gewarnt.

»Wenn die Leute gleich während Ihres Vortrags in keiner Weise emotional reagieren, sondern von Anfang bis Ende dasselbe dumme Gesicht machen, dann beziehen Sie das bitte nicht auf sich. So ist das in dieser Stadt. Den Theaterschauspielern, die herkommen, wird das auch immer gesagt. Die Kieler meinen das nicht böse, und sie langweilen sich auch nicht, sie tun nur so, ich weiß auch nicht, warum. Vielleicht halten sie das für cool.«

Sieben oder acht schwarze Löcher schauten mich an, ich schaute zurück und fragte mich, ob das grad ein Geschehen war, dem man durch Aufwachen entfliehen kann, wie zum Beispiel einem Albtraum. Schweißgebadet, aber erleichtert findet sich dann der Autor in seinem Bett wieder oder mit dem Kopf auf seinem Schreibtisch. War es so in Kiel? Leider nicht. So schlimm wurde es aber nie wieder, nur schlimmer, weil das Gegenteil von zu wenig auch kein Zuckerschlecken ist. Wenn mehr Leute als erwartet, ja mehr als erhofft, auf den Beginn der Lesung warten.

»Die Bude ist voll«, sagte der Veranstalter zu mir, als wir noch draußen standen.

»Wie schön«, sagte ich. »Wie viel sind denn gekommen?«

»700.«

Da sagte ich erst mal nichts mehr.

Bei zu kleinem bis gar keinem Publikum ist das Problem die Konfrontation mit der Selbstüberschätzung, und bei zu großem Andrang fühlt man sich vom Publikum überschätzt. Das Erste führt in Depressionen, das Zweite in helle Panik. Zwischen diesen Extremen lagen allerdings nicht zehn Tage, sondern zehn Jahre, zehn Bücher und ein paar Hundert Lesungen. Das Publikum war dabei kontinuierlich gewachsen, aber 700 Zuhörer hatte ich bisher noch nie gehabt. Warum das alles so wichtig ist? Erfolg ist für jeden Autor ein Beweis für die Kommunizierbarkeit seines Tuns. Ich erwähnte es zwar schon, dass auch allein das Werk zu seinem Schöpfer sagen kann: »Danke schön, das hast du gut gemacht«, aber es fühlt sich einfach besser an, wenn auch andere das so sehen. Ein so beängstigendes wie lehrreiches Phänomen. Zeilen, die das Publikum langweilten, gefielen auch mir danach nicht mehr, egal, wie sehr ich sie vorher geliebt hatte. Und umgekehrt, wenn sich die Leute vor Lachen wegwarfen und ich nicht wusste, warum, reagierte ich ebenfalls irritiert. »Ein Schriftsteller, der auf seine Leser hört, hat sofort verloren«, schrieb Bukowski in irgendeinem seiner Bücher, und das war nur eine meiner Lesungen-Ängste. Die andere: Vielleicht haben sie ja recht.

Lesungen, bei denen viel gelesen wird, sind schlechte Lesungen. Denn lesen kann jeder auch still für sich allein. Und so muss es vielleicht sogar sein. Der intimste Moment zwischen Leser und Autor stellt sich ein, wenn beide dabei mutterseelenalleine sind. Zeitversetzt. Das Gegenteil stimmt für das Erzählen. Da braucht es die Präsenz von beiden im Hier und Jetzt. Auch Hörbücher können das nicht, weil ihnen die Energie des Publikums fehlt, die der Erzähler ihm wie einen Ball zurückwirft. Die Magie des Liveauftritts, jeder Musiker kennt das, und jeder kennt auch den Moment, wenn die Improvisation beginnt und sie besser wird als die Nummer Sicher. Das können Erzähler, aber keine Vorleser. Wie sollen sie ausbrechen? Sobald sie es tun, erzählen sie schon. Und wundern sich über die positive Reaktion. Vorlesen ist das Aufwärmen tiefgefrorener Gedankenkost, Erzählen bringt die frischen Früchte. Leider gebiert das freie, anarchistische, total außer Kontrolle geratene Shopping auf dem Basar der Geschichten auch neue Ängste. Die Angst des Erzählers vor dem Verlust des roten Fadens, die Angst, ihn nicht wiederzufinden, sowie die Ängste vor dem endgültigen Fadenriss, dem Blick ins Nichts, die Angst vor dem gut ausgeleuchteten dämlichen Gesicht. Bühnenängste sind ein Sack voll Flöhe, woran die Bühnen selbst natürlich auch nicht immer ganz unschuldig sind.

Buchläden sind, auch wenn das unlogisch klingt, generell schwer in Schwung zu kriegen. Die kleinen haben Atmosphäre, aber zu wenig Plätze, bei den großen ist es umgekehrt. Die sehen wie Kaufhäuser aus. Wer will zwischen Rolltreppen lesen? Wer kann in diesem Licht Geschichten erzählen, die für das Lagerfeuer gedacht sind? Oder gleich für die Feuer der Karawanserei? Mein Lieblingsthema hatte mich wieder. Die Kunst der alttürkischen Geschichtenerzähler. Das Kino der Nomaden. Ich habe ein Buch darüber geschrieben, und jetzt wurde ich selber einer von ihnen, ja, ich erzählte hin und wieder sogar eine ihrer Geschichten statt meiner, und das war immer ein großes Wagnis, weil es nicht der Erwartungshaltung des Publikums entsprach. Es wartete auf einen Reiseschriftsteller, und ein Märchenonkel kam.

Von den wenigen Malen, die ich es versuchte, ging es auch nur zweimal nicht in die Hose. Das erste Mal in Fulda, in einem Kellerlokal, dessen Inhaber einen Bart hatte, der so lang wie der von Rübezahl war, und darüber eine runde Nickelbrille trug. Da ging es gut. Das zweite Mal rauschte in einem Kölner Musikclub der fliegende Teppich der Osmanen mit uns ab, aber nur, weil wir alle, und ich meine alle, schon ziemlich betrunken waren, denn ich rückte mit dem türkischen Märchen erst heraus, nachdem ich vier Stunden lang meine Geschichten erzählt hatte. Fünf Stunden insgesamt, drei Pausen, und keiner ist gegangen, weil sie dafür schon zu besoffen waren. Und das macht kein Buchladen mit.

Schwierig sind auch Autohäuser, Banken und die Geschäfte der Sponsoren von Lese-Festivals in der Provinz. Bad Berleburg bleibt unvergessen. Allein der Weg dorthin. Als ihn mir mein Agent erklärte, bekam ich Rückenschmerzen. Bimmelbahnen durch Nordhessen und am Ende ein Kurstädtchen, das zu Recht stolz darauf war, sich drei Tage in jedem Jahr teure Schriftsteller leisten zu können, weil seine Geschäftsleute mitspielten. Bei denen mussten wir lesen, und jeder von uns bei einem anderen. Ich kannte von meinem Veranstaltungsort in Bad Berleburg nur die Adresse, nicht die Branche, erst als ich vor den Schaufenstern stand, wurde mir klar, was da los war. Man nötigte mich, in einem Fachgeschäft für orthopädische Produkte zwischen Stützstrümpfen, Krückstöcken, Rollatoren und richtigen Rollstühlen eine Lesung zu geben, doch statt mich umzudrehen und abzuhauen, ging ich nur ein paar Runden auf der Straße im Kreis. Wieder mal musste das Mantra gegen die Angst die

Wogen glätten. Wieder mal, wie jedes Mal, es gab keinen Auftritt ohne Lesefieber. Denn selbst wenn alles andere stimmte, der Ort, das Publikum, das Licht, der Ton, eines stimmte nie.

Würde ich nur in den Goethe-Instituten lesen, die im Umfeld der Handlungsorte meiner Reisegeschichten liegen, hörte von mir niemand ein Wort der Klage. Istanbul, Bangkok, Marrakesch, Rio, was weiß ich, aber ich träumte nicht einmal davon. Ich las nur in Deutschland, und das nur bei schlechtem Wetter, denn bei gutem haben die Leute gern auch was anderes zu tun. Der April und der Spätherbst gingen am besten, je beschissener das Klima, desto voller die Bude. Und noch etwas: Ich reiste nicht mit dem Hubschrauber an. Ich machte die Ochsentour. Jeden Tag im Zug, jeden Tag im Zielbahnhof, jeden Tag im Taxi zum Hotel, jeden Tag ein anderes Zimmer, ein anderes Bett, in das ich mich nach der Lesung fix und fertig werfen konnte, und natürlich auch jeden Tag ein anderes Restaurant. Ein Theaterschauspieler riet mir, zwei Stunden vor dem Auftritt zu essen, weil so lang die Nahrung brauche, um aus dem Bauch herauszukommen. Er meinte das nicht sanitär, er sprach von der Kraft, die Bratkartoffeln mit Spiegeleiern im Gehirn entfalten können, wenn die Zeit dafür gekommen ist. Lesungen beginnen in der Regel um 20 Uhr, und um 18 Uhr wartet man in der Regel als einziger Gast des Restaurants auf das Essen. Da fällt einem schnell der »Tod eines Handlungsreisenden« ein, und das kann ganz schön deprimierend sein. Jeden Tag stopfte ich in einem anderen, ansonsten leeren Lokal irgendetwas in mich hinein und fragte mich, ob das gut gehen kann. Was soll ich lesen, was erzähle ich, was habe ich dem hochgeschätzten Publikum zu geben, so leer und einsam, wie ich gerade bin? Und das beschissene Wetter bitte nicht vergessen. Bei Regen und Wind drehten wir unsere letzten Runden vor jeder Lesung, das Mantra (Endi Effendi?) und ich, und wenn dann diese nervöse, zackige Stresslinie im Gehirn erst geglättet und dann ausgeschaltet war, ging ich auf die Bühne und wusste, dass ich das Wichtigste schon mal hinter mir hatte. Denn nichts verachtet der Leser mehr als einen Autor, der Angst vor ihm hat.

10. KAPITEL

5. TAG IN KATHMANDU

Nima ist wie Sula. Sie liebt Nescafé. Ich rühre ihr einen für die Küchenkonferenz. Ein bisschen sollte sie vorher wissen. Ich zeige ihr das Foto von Kashinath. Wir hatten es während unserer Wanderschaft gemacht. Der Yogi im halben Lotussitz vor einer Schlucht. Hinter ihm wellt sich der Himalaja gen Himmel. Kein Baum, kein Strauch, kein Grün, so weit das Auge reicht, und würde es weiter reichen, meinetwegen bis in die Unendlichkeit, wäre auch nichts Grünes mehr zu sehen. Trotzdem ist es kein karges Panorama, sondern ein meditatives. Wir waren schon ziemlich hoch, und ab 3000 Metern wird es kalt, sehr kalt, wenn man mich fragt, trotzdem trägt Kashinath auf dem Foto weder Schuhe noch Socken, auch das mönchsgelbe Hüfttuch sowie das etwas gelbere Hemd wären eher passend für den Strand, dort oben erfriert man schnell darin. Das interessiert den Asketen nicht. Man muss nicht viel von Körpersprache verstehen, um zu sehen, dass er entspannt ist. Komplett entspannt. Da zittert nichts, da ist auch nichts verkrampft, die rechte wie die linke Hand, die Arme, der Oberkörper, das Gesicht ruhen in einer Betriebstemperatur, die von außen nicht beeinträchtigt werden kann. Er strengt sich nicht an, er atmet sich nicht warm, er friert einfach nicht. So sieht es aus, und Nima ist beeindruckt.

»Er ist ein schöner Mann«, sagt sie. »Aber warum lächelt er nicht?«

»Er lächelt nie.«

Er lachte auch nie. Jedenfalls nicht, wenn ich dabei war. Kashinaths Gesicht war immer ernst, nein, ernst stimmt nicht, konzentriert trifft es eher, aber auch nicht ganz. Er hat es mir mal erklärt. Das Leben ist Leiden, alles andere ist Illusion. Egal, woran sich das Herz hängt, es wartet der Verlust. Er akzeptiert aber nichts, was man wieder verlieren kann, also, was soll's dann. Die Rede ist von Maya, der großen Täuschung, und es gibt eine schöne Geschichte dazu. Willst du sie hören, Nima?

Die Geschichte handelt von einem jungen Prinzen, dessen Vater gestorben ist. Sein älterer Bruder ist jetzt der König, aber er ist auch das Schwein der Familie. Um sicherzugehen, dass ihm der Jüngere nie den Thron streitig machen wird, will er ihn ermorden lassen. Der junge Prinz kann in den Wald entfliehen. Er findet eine Höhle, sie ist das ideale Versteck, leider ist sie schon besetzt. Ein Asket lebt darin. Ein heiliger Mann, auch ein gastfreundlicher. Er bietet dem Prinzen an, eine Weile zu bleiben. Dank der Ausstrahlung, Kraft und Weisheit des Yogi wird aus der Höhlen-WG ziemlich schnell eine Guru-Schüler-Beziehung. Der Prinz ist talentiert, schon bald nascht er an den Früchten der Enthaltsamkeit, badet im inneren Frieden und meditiert durch das Universum, aber irgendwas fehlt, irgendeine Kleinigkeit, vielleicht ist er noch zu jung für die Ewigkeit und braucht noch ein bisschen Leben. Nach sieben Jahren spricht er mit dem Meister darüber, und der Meister sagt: Bring mir erst mal einen Krug Wasser aus unserem Lotusteich.

Am Teich dann folgendes Geschehen.

Beim Wasserschöpfen überkommt den Prinzen große Müdigkeit, er legt sich für einen Moment ins Gras und schläft ein. Als er wieder aufwacht, sind Gesichter über ihm, die er nicht sehen will. Die Soldaten des Königs haben ihn gefunden. Doch statt ihn zu ermorden, bitten sie ihn aufzustehen, damit sie vor ihrem neuen König niederknien können. Sein Bruder habe sich bei einem Ausritt das Genick gebrochen. Sie bringen ihn zum Palast zurück, er wird gekrönt, er heiratet eine Schönheit, wird Vater von Söhnen, regiert weise, und alle sind glücklich in seinem blühenden Reich, bis es ein Nachbarkönig überfällt, der mit seiner Armee alles niedermacht, auch den Palast des jungen Königs, seine Frau, seine Kinder. Es zerreißt sein Herz, sie in ihrem Blut sterben zu sehen, der Schmerz raubt ihm das Bewusstsein. Als er zu sich kommt, sieht er den Lotusteich neben sich und das Gesicht des alten Yogi.

»Na, war das genug Maya?«, fragt der Asket.

»Fürs Erste reicht's, Meister«, antwortet der junge Prinz erleichtert.

End of story.

Wir brechen auf. Ins Graue, wie gewöhnlich, aber wenigstens ist es trocken, von den Pfützen mal abgesehen, die ich beschwingt umrunde, weil nun endlich die Arbeit beginnt. Zu Ende ist das Harren und Hoffen, dass es endlich mal weitergeht. Das Jagdhorn bläst, ich höre es zwar nur in mir, aber da ganz deutlich. »Hunting Season« hatte es Scarlett immer genannt, wenn sie als Kollegin zu mir sprach. Während der

Pfützenumrundung bis zur Main Street erkläre ich Nima, was ich mir von diesem Tag erhoffe und was nicht.

Ich hoffe nicht, Kashinath im Pashupatinath zu treffen, denn ich mag nicht erhoffen, was unwahrscheinlich ist. Einen Wandermönch an einem Ort finden zu wollen, an dem man ihn vor 15 Jahren verlassen hat, wäre kein lebenskluger Plan. So tickt kein Wandersmann. Natürlich gibt es Glücksfälle, außergewöhnliche, unverdiente und kaum zu glaubende, aber wer sich auf die verlässt, ist schneller vom Glück verlassen, als man bis drei zählen kann. Wunder gibt es nicht, aber es gibt die Recherche, den Ameisenpfad, die Spur. Was ich mir also erhoffe, ist, dass wir am Ashram der Gorakhnath-Babas einen Asketen treffen, der weiß, wo Kashinath ist, oder zumindest weiß, wo wir einen finden könnten, der mehr weiß als er. Und so kann das eine Weile weitergehen, ich habe noch drei Wochen Zeit. Nima reagiert auf meine Worte erst sehr konzentriert, dann leuchten ihre Augen auf, und ich bin sicher, sie hat gerade ausgerechnet, wie viel 21 mal 50 Dollar in Nepalesischen Rupien ist. Falls sie es jemals gehofft hat, Kashinath schon heute kennenzulernen, hofft sie das jetzt nicht mehr.

Auf der Main Street führt mich Nima ungefragt in einen Handyshop. Scarlett hat es ihr aufgetragen. Helge darf nicht länger mit uns über die Schweiz telefonieren. Er braucht ein billiges Handy mit einer lokalen Nummer. Wie recht sie hatte, meine gute alte Freundin, die ich wer weiß wann wiedersehen werde, a) was die Notwendigkeit und b) die Art und Weise des Kaufs betrifft. Nima sucht das Handy aus, Nima setzt den Chip ein, Nima regelt den Preis. Ich steh nur rum und lächel in die Runde, und die Runde lächelt zurück. So macht alt werden Spaß.

Nima bittet mich um einen Kugelschreiber und mein Notizbuch. Sie schreibt eine Zahlenkombination hinein, und mir fällt dabei plötzlich etwas ein. Das ist normal. Einfälle kommen immer plötzlich. Muss ich ihn aufschreiben, oder kann ich ihn mir merken? Den ersten Satz für das neue Buch. Erste Sätze sind enorm wichtig, und leider ist der schönste schon vergeben, oder kennt jemand einen schöneren, in seiner Stimmung und seinem Atem bereits den gesamten Roman enthaltenden ersten Satz als den von Karen Blixen:

»Ich hatte eine Farm in Afrika ...«

Der ist nicht zu toppen, aber dieser wäre dann immer noch machbar:

»Ich hatte eine Nummer in Kathmandu.«

Wieder auf der Straße, winkt Nima ein Taxi heran und bittet mich, etwas abseits zu stehen, damit sie mit dem Fahrer auf ortsüblichem Niveau verhandeln kann. Ich nutze die Wartezeit für eine Zigarette, es wird ein kurzes Vergnügen, nach drei Zügen ist Nima wieder bei mir.

»Er wollte 250, normal sind 150, jetzt schlägt er 200 vor. Ist das okay für Sie?«

»Sehr okay, Nima.«

Dass ich vor zwei Tagen für die Fahrt zum Pashupatinath mehr als das Doppelte bezahlt habe, ärgert mich nicht, denn was hatte ich erwartet? Mich ärgert, dass der gemütliche Dicke offensichtlich vorgestern einen großen Umweg gefahren ist, um den überhöhten Preis zu rechtfertigen. Es ist eine alte Wunde, die nie heilt, weil sie ständig neu aufgerissen wird. Natürlich gestehe ich jedem armen Taxifahrer in einem armen Land das Recht zu, mich zu bescheißen, aber wenn ich dabei nicht nur Geld, sondern auch Zeit, Nerven und Lungenbläschen verliere, nehme ich das langsam persönlich. Wenn sie sagen würden, hör zu, Fremder, ich verlange zwar das Dreifache des Normalen von dir, fahre aber trotzdem den kürzesten Weg, dann könnte ich antworten »Deal«, aber so, wie es der Dicke gemacht hat, schreit es nach einer Ohrfeige. Oder zwei. Nima hätte ihm wahrscheinlich drei gegeben. Rechts, links, rechts, und das mit einer Hand. Jedenfalls bin ich mit ihr auf einer anderen Straße in null Komma nix am Tempel und habe auch nicht ein Mal im Stau gestanden. Mein Ärger verfliegt mit der Freude darüber, vor ein paar Tagen nicht auf Scarlett, sondern auf meine Intuition gehört zu haben. Nima ist nicht nur die perfekte Übersetzerin, sondern auch die perfekte Assistentin.

»Sie müssen noch eine Eintrittskarte kaufen«, sagt sie, während wir auf das Tor zum Pashupatinath zugehen.

»Zwei«, antworte ich. »Natürlich zahle ich auch Ihre Spesen.«

»Nein, ich brauche keine. Für Nepalesen und Tibeter ist der Eintritt frei.«

»Auch für Inder?«

»Ja. Auch für Inder. Nur die Touristen zahlen.«

»Wie immer.«

»Oh, das tut mir leid.«

»Warum, dafür sind Touristen ja da.«

Ich beginne, das Mantra gegen die Angst zu murmeln, nicht laut, es reicht, wenn ich es flüstere, ja, es auch nur im Geist zu chanten hat schon oft die gewünschte Wirkung erzielt. Es hat prima bei den Türstehern funktioniert, warum sollte es bei Torwächtern versagen? Ich mache das nicht, weil ich geizig bin, ich murmel das Mantra aus Spaß und weil ich Nima imponieren will. Zwei Uniformierte stehen vor dem Tor, einer rechts, einer links, und ich verschwinde in meiner Mitte, aber so läuft das hier nicht. Die Wächter des Pashupatinath sind an Yogi-Tricks gewöhnt. Der rechte stoppt meine Meditation.

»Ticket«, sagt er.

»Warum, sehe ich nicht wie ein Nepalese aus?«

Erst reagiert er verwirrt, dann erheitert.

»Und ich sehe auch nicht wie ein Tibeter aus?«

»Nein.«

»Aber wie ein Inder sehe ich schon ein bisschen aus, oder?«

»Nein, Sir, ganz sicher nicht.«

Und da ist er wieder, der Moment, den Humphrey Bogart »when bullshit walks and money talks« genannt hat. Frühere Leben zählen, wenn es um 1000 Rupien geht, quasi null.

Zurück auf heiligem Boden. Babas warten auf die Erleuchtung, Hunde auf den Knochen, Leichen auf das Feuer. Wir durchschreiten das alles ziemlich zügig, denn wir haben zu tun. Außerdem traut Nima keinem Affen. Einer von denen hat neulich einer Freundin von ihr in den Arm gebissen. Sie musste sofort ins Krankenhaus, um sich eine Überdosis Antigifte ins Blut jagen zu lassen. Von der Pest bis zur Tollwut können Affen alles in sich tragen, noch dazu gibt es Krankheiten, die diese Tiere klaglos vertragen, aber Menschen das Leben zur Hölle machen. Kinderlähmung zum Beispiel. Der Hinweis auf die Multifunktionalität meines Regenschirms beruhigt Nima jedoch sofort. Und was lernen wir daraus? Frauen vertrauen nicht auf Mantras, sondern auf Männer.

Stufe um Stufe steigen wir die breite Treppe zu den Gorakhnaths hinauf. Dabei fällt mir heute ein Platz auf, den ich neulich übersehen habe, obwohl er in meinen Erinnerungen eine hohe Strahlkraft besitzt, ein Leuchten, das allen Schlüsselerlebnissen innewohnt, an denen Weichen gestellt wurden, zum Guten wie zum Schlechten, nur die Weichenstellung zum Mittelmäßigen trumpft mit keinerlei Licht. Warum eigentlich nicht? Das Wort ist doch durchgehend positiv besetzt. Mittel hat hier mit Mitte zu tun, und die Mäßigung ist das Konsumverhalten der Tugend. Beides empfiehlt der Buddhismus. Aber auch unbuddhistisch gesehen, ist es nicht zu verstehen, dass die Erinnerungen an mittelmäßige Momente weniger strahlen als, sagen wir, die schlechten, weil für ehrgeizige Menschen wie mich mittelmäßig eigentlich schlechter ist als schlecht. Wie dem auch sei, auf dieser kleinen Mauer, die ein paar Meter abseits von der großen Treppe im Grünen steht, hat Kashinath damals gesessen, als er mir das Mantra gegen die Angst verriet. Dass ich mich nun nicht dorthin bewege, um auf oder vor der kleinen Mauer über die Initialzündung meiner Angstlosigkeit ein paar Minuten zu meditieren, liegt an der Affen-Großfamilie, die sich grad auf ihr entlaust.

Und da ist der Ashram der Gorakhnaths, und dieses Mal sind auch ein paar Babas zugegen, drei jüngere vor der Eingangstür, ein älterer auf der Terrasse daneben. Wie erwartet kenne ich keinen von denen. Während wir auf sie zugehen, gebe ich Nima das Foto von Kashinath, damit sie es vorzeigen kann. So sah der Yogi, den wir suchen, vor 15 Jahren aus. Und noch etwas, Nima.

»Sagen Sie ihnen, dass er kein Haschisch rauchte. Alle Babas hier kiffen, nur er nicht. Er war die große Ausnahme. Vielleicht erinnern die sich an so etwas.«

Nima schaut mich an.

»Und was ist mit Ihnen, Helge? Rauchen Sie Haschisch?«

»Na klar.«

»Ist das in Deutschland legal?«

»Nein.«

»Aber haben Sie keine Angst vor der Polizei?«

»Warum?«

11. KAPITEL

WIE ICH MIT DEM MANTRA DIE ANGST VOR DER POLIZEI ÜBERWAND

BÖRßUM-BRAUNSCHWEIGER OKERTAL, EIN JAHR ZUVOR

Wolfenbüttel hat ein nettes Theater, das den Namen des großen Dichters Gotthold Ephraim Lessing trägt. Das legt schon mal die Latte hoch. Hier hat er »Nathan der Weise« geschrieben und sich damit unsterblich gemacht. Das Stück ist ein Versuch, zwischen Christen, Moslems und Juden Frieden zu stiften. Doch wenn man bedenkt, dass es 1779 veröffentlicht wurde, und gleichzeitig einen Blick darauf wirft, was heute zwischen diesen drei Großreligionen los ist, muss man entweder sagen, es hat nicht so viel gebracht, oder ein neuer Lessing muss her, und dass ich das nicht bin, ist eigentlich klar. Ich kam mit meinem 14. Buch, »Die rote Olivetti«, eine Biografie auf 'ne Art, voller Sex, Drugs, Rock 'n' Roll & Journalismus, und das 4. Kapitel darin handelt von meiner, ha ha, Wolfenbütteler Phase in den 70er-Jahren. Damals schrieb ich als Jungredakteur für die *Braunschweiger Zeitung* unter anderem Theaterkritiken. Ich war jede Woche im Lessingtheater, und das über fast fünf Jahre, dann konnte ich entkommen.

40 Jahre später saß ich wieder in dem Theater, jetzt aber nicht vor der Bühne, sondern auf ihr, und das war für mich ein besonderer Moment.

Der nächste Tag war frei, erst am übernächsten musste ich in Frankfurt lesen, und ich hatte das Erbe meines Vaters dabei. Einen Mercedes der E-Klasse, der wie die S-Klasse rüberkam, schon ein bisschen alt, Baujahr 2002, aber so elegant wie eine Jaguar-Limousine, nur nicht so reparaturanfällig. Ein schweinegemütliches, mobiles Wohnzimmersofa mit Automatik und kräftigem Antrieb. Und ich dachte, die Sonne scheint so helle, das Land grünt so grün, ich fahre jetzt mal nicht über die Autobahn, sondern von Dorf zu Dorf nach Frankfurt am Main. Gute Idee, schöne Route, und los ging es durch die Rübenfelder in Richtung Harz. Viele Kirchen, wenig Verkehr, aber das änderte sich, fast würde ich sagen schlagartig, als ich um eine Kurve bog. Vor mir bewegte sich eine Schlange von Pkws im Stop-and-go, weil in etwa 100 Meter Entfernung die Polizei die Straße blockierte. Keine normale Straßensperre, da wurde ziemlich hoher Aufwand betrieben. Auf der Wiese daneben standen Mannschaftstransporter, große Zelte, und die Autos, die sie nicht durchgelassen hatten, wurden, das konnte ich aus der Entfernung durchaus schon sehen, professionell durchsucht. Alle Hauben waren offen, Gepäck lag im Gras, und vorbei war es mit meiner Spazierfahrtlaune, denn was hatte ich im Kofferraum?

Die Lesetour war auf rund 30 Tage angelegt. Pro Tag verbrauche ich etwa ein Gramm Haschisch. Ein schöner Klumpen Edel-Marokkaner lag da hinten im Kofferraum, und auch überhaupt nicht versteckt. Den würden sie sofort finden. Ohne Hund, ohne Brille, zur Not fände den auch ein blinder Bulle. Was bedeutet das für mich? In einigen Bundesländern und Städten Deutschlands kann man fünf Gramm mit sich führen, ohne dass es zu einem Strafverfahren kommt, in anderen 15, aber 30 Gramm sind definitiv überall zu viel. Außerdem werden sie mir den Führerschein abnehmen und mich nicht weiterfahren lassen. Sie hätten sogar das Recht, mich 48 Stunden lang in ihrem Provinzknast einzubuchten. Sie müssen das nicht machen, aber sie dürfen es, wenn sie Bock drauf haben oder ihnen mein Gesicht nicht gefällt. Und noch etwas: Nicht auf allen, aber auf vielen Lesungen bekomme ich das Honorar in bar. Ich hatte zu viel Cash bei mir. Für Polizisten, die 30 Gramm Haschisch bei mir finden, ist das Drogengeld. Und wird konfisziert. Und was mache ich dann? Ohne Geld, ohne Auto und möglicherweise auch ohne die Freiheit, mich ein paar Tage lang irgendwie anders fortzubewegen? Dann fällt die Frankfurter Lesung aus, und noch die nächste darauf, vielleicht fällt sogar der eine oder andere Zahn aus dem Mund heraus, dank einer frechen Polizistenfaust.

Und während mir so ein Problem nach dem anderen einfiel, hoppelte ich im Stop-and-go auf die Schicksalssperre zu, denn ausbrechen, umdrehen und abhauen wäre jetzt keine gute Idee gewesen. Darauf warten sie nur, Verfolgungsjagden durch Gottes halbwegs freie Natur sind das Salz jedes Polizistenalltags. Jedenfalls stellte ich mir das so vor. Die gute Nachricht bei alldem war: Es gab genug Zeit für das Mantra, seinen Job zu machen, nicht nur im Rachen, sondern im gesamten Mercedes-Innenraum, denn ich wurde ziemlich laut, und als der Moment kam, in dem ich der Nächste war, der von den Maschinenpistolen entweder durchgewunken oder gestoppt werden würde, fand sich weder in meinem Gesicht noch in meiner Restkörpersprache und auch nicht in meiner Ausstrahlung oder meiner Aura, oder wie immer man diese geheimen, immateriellen Signale nennen mag, irgendeine

Spur von Angst und Unsicherheit. Doch das interessierte den Polizisten leider nicht, weil er davon durch die Frontscheibe ohnehin nur wenig mitbekam. Ihn interessierte das ausländische Nummernschild. Weil es klein war? Weil es schmutzig war? Weil er keine Ahnung hatte und ein kleines schmutziges Schweizer Nummernschild für ein polnisches hielt oder für eines, das er nicht kannte und ihm deshalb unkoscher vorkam? Und was suchten die überhaupt? Drogen sicher nicht. Das sah nach Terrorfahndung aus. Trotzdem würden sie mir das Haschisch nicht zurückgeben, so sind die nicht gebaut.

Ich wurde auf die Wiese gewunken, kam dort neben zwei anderen Verkehrsteilnehmern zum Stehen, in deren Kofferräumen die Beamten bereits wie die jungen Hunde wühlten, und machte erst mal nur mein Seitenfenster auf. Frische Luft. Genau das hatte ich gebraucht. Alles andere war Glück. Eine junge, hübsche Polizistin mit langen blonden Haaren kümmerte sich um mich. Angst hatte ich dank der Nachhaltigkeit des Chantens zwar noch immer nicht, aber auch ohne mein Mantra wäre jetzt alles nur noch halb so schlimm gewesen, denn es ist nun mal so und von der Polizeipraxis tausendfach bestätigt: Frauen in Uniform entspannen den Kriminellen sofort.

»Guten Tag, Verkehrskontrolle, darf ich Ihren Führerschein, Ausweis und die Fahrzeugpapiere sehen?«

»Sehr gerne.«

Ich strahlte sie an, sie strahlte ein bisschen zurück.

»Woher kommen Sie?«

»Aus Wolfenbüttel. Ich hatte dort eine Lesung. Und ich will nach Frankfurt. Da habe ich morgen eine Lesung. Und weil das Wetter so schön ist, wissen Sie, fahre ich gemütlich über Land.«

»Sie lesen? Was lesen Sie?«

»Bücher.«

»Was für Bücher?«

»Meine.«

»Wirklich? Was schreiben Sie denn so?«

»Reisebücher.«

»Oh, das ist aber sicher eine sehr interessante Arbeit.«

Es lief also eigentlich wieder einmal wie am Schnürchen, doch dann machte ich möglicherweise einen Fehler. Ich gab ihr ein Exemplar der »Roten Olivetti«, das auf dem Beifahrersitz gelegen hatte, als Beweis in die Hand, und zu spät fiel mir ein, dass sie darin besser nicht blättern und auf keinen Fall lesen sollte, vor allem nicht die erste Seite, den ersten Absatz, den ersten Satz, denn schon in dem kommt mehr LSD vor, als die Polizei erlaubt. Gott sei Dank gehörte sie nicht zu den Leserinnen in Uniform. Sie ging mit dem Buch und meinen Papieren in eines der Einsatzzelte und legte dort alles vor. Wieder murmelte ich mein Mantra und hoffte darüber hinaus, dass auch dort keinen mein Buch interessierte.

»Das war's schon«, sagte die Blonde nur wenig später zu mir. »Gute Fahrt und viel Erfolg in Frankfurt. Und lesen Sie schön.«

Herrlich ist das Schriftstellerleben, und glücklich jeder Autor, der das nicht vergisst. Und als ich am nächsten Abend diese Geschichte dem Publikum brühwarm erzählt hatte, bat mich anschließend, ich würde sagen, jeder Vierte darum, ihm das Mantra gegen die Angst zu verraten. Aber ich wusste nicht, ob ich das durfte. Ich hatte gehört, dass nur der Meister ein Mantra weitergeben kann, der Schüler nicht. Ich hatte mich zwar nie als einen Schüler von Kashinath begriffen, aber als Meister sah ich mich auch nicht. Und so wurde Angst und Schrecken im Börßum-Braunschweiger Okertal der Auslöser für die Suche nach Kashinath. Wen sonst sollte ich fragen, ob ich sein Mantra verraten darf.

12. KAPITEL

SHOWDOWN IM PASHUPATINATH

KATHMANDU, NOCH IMMER DER 5. TAG

»Namaste.«

Vier Babas, drei junge vor der Eingangstür und ein alter auf der Terrasse, grüßen brav, als wir an sie herantreten. Nima lässt das Foto herumgehen und erzählt, worum es geht. Die Jungen schütteln den Kopf, keiner von ihnen kennt Kashinath, nicht mal gehört haben sie von ihm. Sie geben das Foto weiter an den Alten, und der nickt. Während er mit Nima auf Hindi spricht, hüpft mein Herz. Nima übersetzt die Worte des alten Baba für mich, und schon hüpft es nicht mehr.

»Er sagt, er kennt ihn, aber er hat ihn ewig nicht mehr gesehen.«

»Wie lang ist ewig?«

»Er sagt, länger als zehn Jahre.«

»Weiß er, wohin Kashinath gegangen ist? Oder kennt er einen, der es wissen könnte?«

Nima redet mit dem Baba, und der Alte zeigt mit der Hand nach irgendwo.

»Er sagt, er weiß es nicht. Aber vielleicht ist er in Indien.«

»Wo in Indien?«

Nima fragt ihn.

»Er sagt, überall.«

Alles klar. Der Mann, den ich suche, ist irgendwo auf einem Subkontinent. Und das auch nur vielleicht. Ich brauche eine Zigarettenpause, um die Information zu verdauen. Wir ziehen uns dafür ein paar Schritte zurück. Ich schweige, Nima spricht.

»Wenn er vor über zehn Jahren nach Indien gegangen ist, heißt das nicht, dass er jetzt noch in Indien ist.«

Auch schön.

»Vielleicht ist er ja wieder in Nepal«, sagt sie.

»Ja, vielleicht.«

Ich schätze dieses Wort. Es ist so trostreich. Es sagt nichts, ohne die Hoffnung auf alles zu nehmen. Vielleicht ist ein weiches Nein, bei dem niemand das Gesicht verliert. Aber hätte Gott gesagt, vielleicht erschaffe ich irgendwann mal die Welt, wären wir heute alle nicht hier.

»Würden Sie den Baba bitten, uns die Adressen von allen Gorakhnath-Ashrams in Nepal aufzuschreiben«, sage ich, »und auch alle heiligen Orte, die für Gorakhnaths von Interesse sind? Und wenn er nicht schreiben kann, machen Sie das für ihn.«

»Das ist eine gute Idee«, sagt Nima.

Der alte Baba kann schreiben, sogar sehr schön. Er malt die Hindi-Schriftzeichen wie eine Kalligrafie in mein Reisetagebuch. Zwölf Adressen insgesamt, und das dauert ein Weilchen. Dabei schüttelt er hin und wieder den Kopf. Ich will wissen, warum.

»Er sagt, dass wir ihn da nicht finden werden.«

»Warum?«

»Er sagt, Kashinath sei kein Ashram-Typ. Er ist ein Einzelgänger.«

Zwei Touristinnen tauchen auf. Ein junger Asket führt sie. Er ist extrem schön. Wir machen ihnen Platz, denn sie wollen in das Baba-Haus. Sie kommen aber mehr oder weniger sofort wieder raus. Eben noch stand freundliche Neugierde in ihren Gesichtern, jetzt sind sie schockiert, eigentlich schon böse. Sie laufen mehr, als dass sie gehen, schimpfend fort. Wahrscheinlich haben sie drinnen einen Naga gesehen, einen Anfänger-Yogi, einen Anwärter auf die Initiation. Die kleiden sich, egal wann und wo, nur mit Asche, sind also quasi nackt. Und die beiden jungen Frauen sind aus der #MeToo-Generation.

»Ein kulturelles Missverständnis!«, ruft ihr Führer und läuft ihnen hinterher.

Der Alte ist fertig. Er gibt Nima den Block zurück. Dann hat er eine Frage.

»Er will wissen, was wir von Kashinath wollen.«

»Sagen Sie ihm, er hat mir ein Gorakhnath-Mantra gegen die Angst gegeben. Und es hat mir sehr geholfen. 15 Jahre lang. Und ich will Kashinath fragen, ob ich es weitergeben darf. In einem Buch, zum Beispiel.«

Nima erklärt es dem Baba.

»Jetzt will er wissen, was es für ein Mantra war.«

»Soll ich es sagen oder aufschreiben?«

Sie fragt ihn.

»Es ist ihm egal.«

Mir aber nicht. Es vor den Asketen laut zu rezitieren ist mir peinlich, weil ich es wahrscheinlich eh falsch ausspreche und auch rhythmisch ungenügend akzentuiere. Ich schreibe das Mantra auf, er liest es und ist irritiert.

»Er sagt, das ist kein Mantra gegen die Angst.«

»Ach so?«

»Er sagt, das ist auch kein Mantra gegen oder für irgendetwas anderes. Er sagt, das ist überhaupt kein Mantra.«

»Was ist es dann?«

»Ein Gruß an den Elefantengott. Und ein sehr gebräuchlicher. Auch ich kenne ihn. Jeder sagt das hier, wenn er einen Ganesha-Tempel betritt.«

»Fuck.«

»Sehr gerne«, sagt Nima.

(Das sagt sie natürlich nicht. Das habe ich nur gedacht.)

13. KAPITEL

WAS MACHT DAS MIT EINEM, WENN MAN PLÖTZLICH AUFWACHT?

Der Groschen fällt in Etappen, wie in diesem Spiel, das fast nur aus Löchern besteht. Man gibt die Münze oben rein, und sie fällt von Loch zu Loch nach unten, bleibt aber in jedem ein bisschen liegen, bevor es weiter abwärts geht. Es war ein falsches Mantra. Klick. Aber es hat richtig gewirkt. Klick. Weil ich daran geglaubt habe. Klick. Alles wirkt, woran man glaubt. Klick. Nur mein Glaube gab den magischen Worten die Kraft. Klick. Genauso gut hätte ich die Ängste mit der 108-maligen Wiederholung von »Coca-Cola, Coca-Cola, Coca-Cola« überwinden können. Klick. Das alles klickt in Sekunden durch, länger dagegen braucht die Entfaltung der dazugehörigen Gefühle. Oder, um die klassische Frage zu stellen, was macht das mit einem, wenn man plötzlich aufwacht?

Erst mal wenig, erst mal fühlt man so viel wie Menschen, die gerade erfahren haben, dass sie todkrank sind. Oder wie Verliebte, die einen Abschiedsbrief in der Hand halten. Oder wie Kapitalverbrecher bei ihrer Verhaftung. Oder wie ein

Kettenraucher, dem in der Einöde die Zigaretten ausgegangen sind. Erst mal schaut man wie betäubt in den Abgrund, bevor man reinfällt. Erst mal reagiere ich also rein mechanisch und bitte Nima, den alten Baba zu fragen, ob sie denn ein echtes Mantra gegen die Angst haben. Und der Baba sagt, ja, na klar haben wir das. Und wird er es uns verraten? Der Baba nickt. Ich will ihm wieder meinen Block geben, aber Nima schlägt vor, die Videofunktion meines Smartphones zu aktivieren, damit er das Mantra draufsprechen kann. So ist die Jugend, und zwar überall. Sie hält es ihm vor den Mund, und der Baba murmelt drauflos. Nicht euphorisch, nicht mit Nachdruck, nicht missionarisch motiviert, im Gegenteil, er wirkt ein bisschen genervt, aber was muss, das muss. Ich höre davon nicht viel, weil ich nie viel höre und er leise spricht. Danach verabschieden wir uns und gehen über den Vorhof des Gorakhnath-Ashrams wieder auf die breite Treppe zu, doch noch bevor wir sie erreichen, beginnt der Magnetismus des Abgrunds nach mir zu greifen. Was soll das überhaupt? Neues Mantra! Ich werde nie wieder an Mantras glauben können, wenn es egal ist, ob sie falsch oder richtig sind. Wieder mal hat die Recherche alles kaputt gemacht. Mantras wurden zu Märchen.

Auf der Treppe treffen wir auf den extrem gut aussehenden jungen Asketen, der die beiden Touristinnen geführt hat. Er trägt sein Hüfttuch so tief, dass all seine Yoga-Sixpacks zur Geltung kommen, seine pechschwarzen Haare sind hüftlang, und ebenmäßig ist das Gesicht. Auch er ist ein Gorakhnath, das erklärt seinen perfekten Körper. Der größte aller shivaistischen Baba-Orden favorisiert die klassischen Yogaübungen, und Asanas kann was. Außerdem kann er Englisch. Ich frage ihn, was da eben im Baba-Haus los war, und er bestätigt meine Vermutungen. Die Touristinnen haben mit Asche bemalte Baba-Schwänze gesehen und sind ausgeflippt. Politisch korrekt ist das eine, spirituell korrekt das andere. Wer das nicht versteht, gerät in der Gesellschaft der heiligen Männer Asiens schnell in Stress. Und was mich angeht, ich brauche einen Doppelcheck, um sicherzugehen, dass der alte Gorakhnath nicht dasselbe mit mir gemacht hat wie Kashinath. Darum erzähle ich dem schönsten aller Babas noch mal in wenigen Sätzen meine Mantra-Geschichte und zeige ihm dazu auch das Foto von Kashinath. Wie der Alte will er nun wissen, was genau ich 15 Jahre lang so erfolgreich gegen die Angst gemurmelt habe, und als ich es ihm sage, reagiert er nicht irritiert wie der alte Baba, sondern belustigt, er lacht laut drauflos, aber die Message bleibt die gleiche. Das ist kein Mantra. Das ist ein Gruß. Und das echte Anti-Angst-Mantra, das er mir daraufhin verrät, ist deckungsgleich mit dem, das der alte Baba rezitiert hat. Auch zu meiner Suche nach Kashinath, den er nicht kennt, sagt er dasselbe wie der Alte.

»Du wirst ihn in den Ashrams nicht finden.«

»Woher willst du das wissen?«, frage ich. »Du hast doch grad gesagt, du kennst ihn nicht.«

»Das stimmt nicht mehr. Ich habe ihn soeben kennengelernt. Und weißt du, wie?«

»Er spricht aus dem Foto zu dir.«

»Exakt.«

So sind die Yogis. Immer im Grenzbereich zwischen guter Menschenkenntnis und Telepathie unterwegs. So kenne ich sie, so liebe ich sie und bin dann doch überrascht, als der schöne junge Asket aus seinem traditionellen Hüfttuch ein brandneues Smartphone zieht. Er will meine Nummer. Falls er Kashinath irgendwo treffen sollte, rufen sie mich an.

»Welche willst du? Die aus Nepal oder die Schweizer?«

»Wie lange bleibst du?«

»Noch maximal drei Wochen.«

»Dann unbedingt die Schweizer.«

Ich gebe sie ihm, aber glaube mittlerweile nicht mehr an Wunder. Nie wird irgendwann und irgendwo plötzlich mein Telefon klingeln und Kashinath ist dran. Mit gemischten Gefühlen gehe ich weiter. Einerseits war die Mission erfolgreich. Ich habe mein altes Mantra von Profis checken lassen, und es wurde für falsch befunden. Das echte steckt jetzt in meinem Telefon. Aber mit Kashinath bin ich nicht einen Schritt weitergekommen, nicht mal einen Fuß. Zudem weiß ich auch nicht, ob es sich noch lohnt. Soll ich ihn etwa fragen, ob ich sein Placebo-Mantra weitergeben darf?

Wir verlassen den Pashupatinath, und Nima besorgt dieses Mal ein Taxi für 150 Rupien, aber es ist auch ziemlich schlecht in Schuss. Wir nehmen auf dem Rücksitz Platz, und ich stelle den Samurai-Regenschirm zwischen meinen Beinen mit der Spitze auf dem Boden ab, aber als das Taxi anfährt, wird klar, dass es der falsche Boden ist. Der des Taxis hat ein Loch, meine Schirmspitze steckt direkt in der Straße, und als das Taxi anfährt, schlägt der Schirm hart an mein Bein. Ich ziehe ihn sofort nach oben, aber die Spitze ist von nun an ein wenig krumm. Als Erinnerung an einen mutigen Kampf könnte ich diese Beschädigung mit Stolz betrachten, aber so fühlt es sich wie ein schlechtes Omen an. Oder wie eine Ohrfeige, hintendran.

Wir fahren zur Stupa. Ich lade Nima zum Dinner ein. Statt mit Scarlett sitze ich jetzt mit ihr beim Vietnamesen und trinke Wein. Nima rührt keinen Alkohol an, sie nimmt einen grünen Tee. Aber wir essen dasselbe. Gebratene Nudeln mit Gemüse. Unten brummen sie »Om Mani Padme Hum«. Das Wurzelmantra der Buddhisten war mir immer zu einfach oder, um aufrichtig zu sein, zu allgemein. Was für 500 Millionen Gläubige das Richtige ist, muss nicht auch für mich das Richtige sein, dafür bin ich zu sehr Individualist. Stattdessen rezitierte ich 15 Jahre lang eine Floskel, die hier so oft über die Lippen kommt wie bei uns »Grüß Gott«. Schwamm drüber. Es geht um den Erkenntnisprozess, und für den bekommt jeder, was er braucht. Weil jeder ein bisschen anders bescheuert ist. Jeder geht auf seinen eigenen verschlungenen Wegen nach Rom, um grad mal nicht »Gott« zu sagen, okay.

Nima schaut sich die Adressen der Ashrams an, an denen man nach Auskunft des alten und des jungen Baba Kashinath nicht finden kann. Wir kämen während des Monsuns nur sehr beschwerlich bis gar nicht dort hin, wie Nima sagt, die einzige Region, die in Nepal jetzt einigermaßen problemlos zu bereisen wäre, sei Mustang, das ehemalige Königreich zwischen Tibet und Nepal. Es liegt im Regenschatten hoher Berge, die es wie eine Mauer umstehen, und die lassen den Monsun nicht rein. Das hört sich gut an, auch der Name hat einen legendären Klang. Ein Reich, das wie ein Pferd heißt oder wie der wildeste aller Fords. Außerdem kennt sich meine Übersetzerin dort gut aus.

»Ich komme aus Mustang«, sagt sie.

»Und wie ist es da?«

»Sehr karg.«

»Und sehr kalt?«

»Ja.«

Glücklicherweise stellt sich im Verlauf des Gesprächs heraus, dass Mustang zu 100 Prozent buddhistisch eingestimmt ist, Hindu-Asketen haben da nichts zu suchen, wir also auch nicht, falls ich überhaupt noch nach Kashinath suchen will, der Zweifel daran verstärkt sich. Deshalb Themenwechsel. Was macht Nima eigentlich in dem als Büro genutzten Raum in Scarletts Haus?

»Wir sind eine Non-Governmental Organization«, sagt sie. »Wir helfen den Flüchtlingen aus Tibet und hauptsächlich den Kindern, dafür sammeln wir Geld, aber wir sammeln auch Kleidung und Nahrungsmittel für die Opfer der Flutkatastrophen im Süden.«

Ich beglückwünsche sie zu dieser soliden Mission und verkneife mir die Frage nach ihrem Verdienst. Dass er nicht so doll sein kann, verrät mir das Leuchten in ihren Augen, nachdem ich ihr für ihre Arbeit mit mir 5000 Rupien in Hundertern auf den Tisch geblättert habe. Ein Leuchten, das besagt: Es ist wahr! Schöne Scheine, drei schneebedeckte Berge und eine Pagode sind auf ihnen abgebildet und, wenn man genau hinsieht, auch ein winziger, im Lotussitz meditierender Yogi, wie ich meine, der Yogi aller Yogis, also Shiva himself. Natürlich kann ich mich irren, aber für einen meditierenden Buddha ist der klitzekleine Asket auf dem 100-Rupien-Schein viel zu schlank. Wenn man noch genauer draufschaut, tauchen zwei weitere Miniatur-Meditierende aus der Abgegriffenheit der Geldscheine auf, aber Nima, da bin ich mir sicher, schaut nur auf die Zahlen. 50 mal 100 Rupien entspricht in etwa 50 US-Dollar. Für Nima war es ein guter Tag.

Auf Scarletts Balkon kommt es dann so dicke, wie zu vermuten war. Der Regen hatte bereits beim Vietnamesen begonnen und hat jetzt wieder seine normale Betriebsamkeit erlangt. Obschon mich das Vordach vor ihm schützt, erreicht er problemlos meine Seele und regnet sich da ein. Ein Glaube fällt nach dem anderen.

Der Glaube an das falsche Mantra, der Glaube an das richtige Mantra, der Glaube an den lieben Gott. Der Glaube an den bösen Gott. Der Glaube an einen Sinn hinter dem Unsinn. Der Glaube an mich, sowie der Glaube an alles andere, das ohne meinen Glauben nicht funktionieren kann, denn wenn es nur auf meinen Glauben ankommt, was soll es dann? Und was bleibt? Das, was noch da ist. Ein Budweiser und ein letzter einfacher Gedanke. Wenn ich schon dabei bin, einen Glauben nach dem anderen wie Perlen von einer zerrissenen Kette zu verlieren, warum verliere ich dann eigentlich nicht auch den Glauben an meine Ängste?

14. KAPITEL

6. TAG IN KATHMANDU

Der Tag beginnt mit Opodo. Ich hatte für den Nepalflug eine flexible rate gebucht und glaubte deshalb an quasi grenzenlose Freiheiten, was meinen Rückflug anging, aber auch dieser Glaube musste fallen, denn ein Internet-Reisebüro ist keine Religion, da ist nicht der Glaube das Entscheidende, sondern das Kleingedruckte, und das lese ich grad zum ersten Mal.

Die flexible rate ermöglicht das Ändern der Reisetermine nur vor dem Hinflug, und das auch nur mindestens 24 Stunden vorher. Für den Aufpreis hätte ich mir also auch etwas Gutes gönnen können, etwas, von dem man was hat, etwas, das bleibt, etwas, das hilft, zum Beispiel einem Kind in Afrika oder einem Tierschutzheim, ich hätte das Geld auch gern statt Opodo einem Obdachlosen gegeben, obwohl davon auszugehen gewesen wäre, dass er es versäuft. Das in etwa plane ich den Opodo-Leuten zu erzählen, falls sie meinen Rückflug nicht umbuchen wollen, aber dafür muss man sie erst mal ans Telefon kriegen und nicht die Warteschleife, die mich (für wie viel Euro die Minute?) musikalisch brutal unterschätzt. Dazwischen höre ich dann aber doch mal eine Stimme zu mir sprechen, nur ist es immer dieselbe unbeseelte, mit immer demselben Text. Sie werden zum ersten freien Mitarbeiter durchgestellt, und bis dahin Geduld, Geduld, Geduld, Arschgesicht.

Ich telefoniere aus Scarletts Salon. Ich könnte auch aus der Küche telefonieren oder vom Balkon, aus meinem Bett wäre es ebenfalls möglich, aber da funktioniert das Internet nicht, und wer mit Opodo reden will, sollte synchron dazu fähig sein, online zu gehen. Der Salon ist voller Sitz- und Liegemöbel sowie deren Kombination, wie das etwa 20 Kilometer von mir entfernte Kanapee. Zugegeben, ich übertreibe, aber der Raum ist wirklich groß, die Antiquitäten erdrücken ihn nicht. Durch die Fenster dringt graues Licht.

Nach etwa 20 Minuten in der Dauerschleife vermute ich, dass mein Flugticket nicht mehr die Vorsilbe »Billig-« verdient, und beende den netten Versuch, fast erleichtert, wie ich feststellen muss. Ich habe Kashinath doch noch nicht aufgegeben, sagt mir die Erleichterung. »Nicht aufgeben« ist positiv besetzt, »nicht loslassen« negativ. Das Erste ist Stärke, das Zweite Schwäche, das eine Heldentum, das andere Idiotie, also, was nun?

Ja, er hat mir eine Glasperle statt einer echten gegeben, aber er hat sie mir nicht verkauft, nicht für Geld, nicht für Gefolgschaft, nicht für eine Mission. Er hat nicht gesagt, bring mich in Deutschland groß raus. Es war ein Geschenk, und einem geschenkten Mantra schaut man nicht ins, ja wohin, ins neurologische Schwingungsfeld. Denn das ist klar. Jede Angst beginnt im Gehirn, erst dann wandert sie in die Hose. Und die Angst in der Dauerschleife betraf weniger das Geld, das sie verschlingt, als die Chance aufzugeben, ihn doch noch zu sehen. Sein Mantra war ein Placebo, sein Darshan nicht. Ein Wort aus dem Sanskrit. Es wird immer dann fällig, wenn ein Yogi seinen Bewusstseinszustand mal kurz auf einen anderen überträgt.

Ich hatte es vor Kashinath nur einmal erlebt, und das war sehr lange her. Anfang der 80er-Jahre, in Südindien, und der Mann hieß Ram Ram. Er legte seine Hand auf meinen Kopf, und ich war die nächsten Tage nur noch im Hier und Jetzt. Das hört sich belangloser an, als es ist. In Wirklichkeit ist es alles. Mehr gibt es nicht. Bei Ram Ram war ich darauf vorbereitet, bei Kashinath nicht, das heißt, ich wusste nicht, was kam, und glaubte deshalb daran, sondern es kam einfach über mich. Erst seine Hand, dann sein Sein oder mein Sein oder das Sein schlechthin. Und damit fiel irre viel Unerquickliches weg. Gestern, Morgen, Bedauern, Sorgen sowie die Dualität von Zweifel und Glauben. Das Sein braucht keinen Glauben, das Sein braucht keinen Sinn. Auch keine Liebe. Ist alles mit drin. Ein Paket. Liebe, Friede, Freude, das Universum als Eierkuchen, so in etwa fühlte sich ein paar Tage lang mein Leben an, nachdem mir Kashinath ohne Vorwarnung und wie nebenbei die Hand aufgelegt hatte. Und wenn ich, um auch dem kleinsten Zweifel Raum zu geben, jetzt sage, dass es vielleicht nicht seine Hand gewesen ist, die das bewirkte, sondern der Balken, an dem ich mir den Kopf gestoßen hatte, bevor Kashinath aus der Hocke geflogen kam, um alle Schmerzen wegzustreicheln, dann muss ich gestehen, dass bisher kein Balken dazu fähig gewesen ist. Noch nie hat mich ein Balken erleuchtet. Oder »wiedergeboren«. Das waren Endi Effendis Worte, als ich damals zurück nach Berlin kam. »Der Wiedergeborene aus dem Himalaja.«

Mantras interessieren mich nicht mehr, aber eine neue Wiedergeburt könnte ich unbedingt vertragen, ebenso einen Spaziergang, einen langen, wenn's geht, denn Bewegung tut dringend not, auch drängt es mich, mal was anderes zu sehen, warum nicht Thamel, das Touristenviertel von Kathmandu.

Die 500 Rupien fürs Taxi sind in diesem Fall nicht zu viel. Wir fahren hinaus aus Bodnath, links liegen bleiben der Pashupatinath sowie der Internationale Flughafen, vor dem ich mal mit einem Energieexperten stand, und als wir am Ziel sind und ich aus dem Taxi steige, bereue ich fast, dass ich nicht nach der Landung gleich nach Thamel gefahren bin. In die alte Heimat der Hippies. Hier kamen sie an, hier blieben sie lang, hier fanden sie eines ihrer temporären Paradiese. Goa am Strand des Indischen Ozeans und Kathmandu im Himalaja, das war die Achse der Morgenlandfahrer in den 60er- und 70er-Jahren des untergegangenen Jahrhunderts, nicht meine Achse nebenbei, denn ich war damals am Ganges unterwegs, mein Kathmandu hieß Haridwar.

Aus Hippies sind Traveler geworden, und weil mich dasselbe Schicksal ereilte, fühle ich mich auf ihrem Terrain schlagartig wohl. My home far away from home, so sieht es quasi überall aus, wo junge Menschen aus aller Welt ihre Rucksäcke abwerfen. Local Food neben dem, was unsereins so braucht, Buddhas und Bourbon, Ganeshas und Gin, Mandalas, Mausefallen, Marihuana oder gleich Haschiiiiiiiiiiiisch. Aber zur Zeit ist wenig los. Alle Touristen sind irgendwo, die Nepalesen befinden sich im Leerlauf, und ich schalte in den Bummelmodus und weiß nicht, wohin. Gut so. Spaziergänge sind willenlos und brauchen kein Ziel. Willenlos? Stimmt das? Es fühlt sich jedenfalls so an. Auch angstlos. Die Angst vor dem Unwillen, die Angst vor der Unerfüllbarkeit des Wollens, die Angst vor der Nichtdurchsetzbarkeit, all diese Ängste fallen aus, wenn kein Wille da ist, aber ein Weg, und der führt mich dann ziemlich schnell wieder aus dem netten Viertel heraus.

Vor mir auf vier Spuren ein munterer Feierabendverkehr. Auf der anderen Seite geht eine nicht asphaltierte Straße recht steil bergauf. Damit sie vom Monsun nicht weggeschwemmt wird, hält ein stählernes Gittergeflecht sie wie ein Korsett fest. Ich gehe hinauf. Keine Ahnung, wohin sie mich führen wird, und keine Ahnung, ob sie noch zu Thamel gehört. Sie sieht nicht mehr so total touristisch aus. Eine Seitenstraße fällt mir auf. Irgendetwas in ihr zieht mich an, aber ich folge dem Reflex nicht und gehe noch ein Stück weiter geradeaus. Die nächsten Querstraßen gefallen mir weniger gut, und von der Straße, auf der ich bin, habe ich mittlerweile auch genug. Ich kehre um und nehme den Weg, auf den es mich vorhin zog.

Die Straße ist schmal, aber die ersten 100 Meter sind von Autos immerhin noch zweispurig zu befahren, danach wird sie zu einem Nadelöhr zwischen hohen, alten Mauern. Ich gehe sie gegen den Einbahnverkehr. Eine nicht abreißen wollende Schlange von Pkws und Lieferwagen rollt an mir vorbei, keine Lkws, die wären hier zu breit. Es gibt auch keinen Bürgersteig. Als Fußgänger hält man sich hart an der Mauer, hin und wieder presst man sich auch dran, und dann, nach einer lang gezogenen Rechtskurve, öffnet sich der Schlauch, der Weg wird wieder breiter, sogar grün, Palmen und Uniformierte mit Maschinenpistolen hübschen das Straßenbild auf, ebenso die Villen zu beiden Seiten. Ich bleibe stehen, um mir eine der Villen in Ruhe anzusehen, und was sehe ich? Die Botschaft von Indien. Und daneben einen kleinen Shop, auf dem »Fast Visa« steht. Ist das ein Zeichen?

In dem Shop empfängt mich ein junger Mann. Er ist sehr freundlich. Er sagt, das Visum im Pass dauert eine Woche. Ich kann es aber auch als Mail bekommen, dann brauchen sie drei Tage. Er will eigentlich Feierabend machen, aber die Formulare können wir noch ausfüllen, er bietet mir dafür seine Hilfe an.

»Wollen Sie über Land nach Indien einreisen oder fliegen?«, fragt er.

»Kann ich mir das noch, sagen wir, 20 Minuten bei einem Kaffee überlegen?«

Er reagiert ein wenig irritiert.

»Hier?«

»Nein, in einem Café. Gibt es hier eins in der Nähe?«

»Aber ja, Sir, 30 Meter weiter ist eine German Bakery.«

Das Brot, das man mir dort serviert, wäre in Deutschland ein Grund, die Bäckerei sofort zu schließen. Ein Blick auf die Toiletten, und sie dürfte auch nie wieder öffnen. Entzug aller gastronomischen Konzessionen, möglicherweise Knast. Ein Glück, dass wir in Nepal sind. Die beiden Bäckerjungen sind so lieb wie alle anderen in diesem Land, denen wünsche ich kein deutsches Gesundheitsamt, niemals und nie. Der Kaffee schmeckt auch wie ein Tritt vors Knie. Aber darum geht's mir gerade nicht. Ich muss wie Hegel denken.

Hier die These: Vor einigen Jahren, um nicht Jahrzehnte zu sagen, hätte ich keine Minute gezögert. Her mit dem Visum und ab nach Indien, denn deutlicher geht's ja wohl nicht. Nach einer blinden Wanderschaft durch die leeren Gassen von Thamel und einem Nadelöhr im Gegenverkehr lande ich vor der indischen Botschaft und einem Visashop, kurz bevor der schließt. Vor Jahren, um nicht vor Jahrzehnten zu sagen, hätte ich darin mindestens einen Wink des Schicksals gesehen, aber höchstwahrscheinlich doch gleich Kashinath dafür verantwortlich gemacht. Der Yogi zieht mich. Der Meister führt mich. Und je weniger ich selbst bestimmen will, wohin, desto früher werde ich bei ihm sein. Achte nur auf die Zeichen, die noch kommen werden, mehr braucht es nicht. Man nennt das ein magisches Weltbild, und Kashinath war so gestrickt. Er reagierte nur auf Zeichen. In Rishikesh hob er ein Stück Papier vom Boden und fand darauf ein Mantra geschrieben. Für ihn war es ein Zeichen, ein Angebot, fast ein Befehl, und er nahm es in das Repertoire seiner Zauberwörter auf. In einem Dschungel, im Süden Nepals, überlebte er die Begegnung mit einem Tiger, weil er in ihm keinen Tiger, sondern einen Gott sah, der sich gelegentlich in die größte und schönste aller Raubkatzen verwandelte. Kashinath grüßte den Gott mit Ehrfurcht und Freude, und der Tiger tat ihm nichts. Der Yogi lebte in einem magischen Weltbild, das ihm die Angst nahm und die Kraft gab, er hätte hier und jetzt an meiner Stelle sofort die Beantragung des Visums in Gang gesetzt, er wäre vom Fleck weg von Zeichen zu Zeichen gegangen, um am Ende irgendwas zu finden, und wenn auch nur ein weiteres Stück von sich selbst. Das hätte funktioniert, und das würde auch bei mir funktionieren, der Unterschied zwischen Kashinath und mir aber ist: Sein Glaube ist fest, meiner ist weg. Und meine Ungläubigkeit ist die Antithese.

Wie, bitte schön, sieht die Magie denn im Detail aus? Wie zieht mich ein Yogi, der irgendwo im fernen Indien sitzt, in seine Richtung? Im Groben kann man sich das vorstellen. Er zieht telepathisch nach Süden oder Südwest. Aber mehr kann er nicht. Er kann nicht einen Bummelnden erst kreuz und quer durch Thamel lenken und ihn dann in die einzig richtige Seitenstraße führen. Dafür müsste er über die Entfernung in mich hineinschlüpfen und durch meine Augen wie durch eine Kamera mit Liveschaltung sehen. Außerdem müsste er wissen, wo die indische Botschaft in Kathmandu ist, aber das braucht er nicht zu wissen, weil Babas ohne Papiere über die Grenze dürfen. Nein, das kann er nicht, und das wäre dann auch kein magisches Weltbild mehr, sondern ein märchenhaftes, und an Märchen glaubt man auch nicht. Ich glaube an das, was ich sehe, und die Gasse, die mich zur indischen Botschaft geführt hat, war einfach die schönste von allen, in die ich während des Spaziergangs hineingeschaut habe. Die hohen Mauern am Nadelöhr sahen königlich-nepalesisch aus, und zufällig riss in diesem Augenblick auch ein bisschen die Wolkendecke auf, und die Sonne kam heraus. Schönes Licht auf schönen Mauern führte mich. Mehr war es nicht, auch nicht weniger. Pech gehabt. Oder Glück. Wer einen Glauben verliert, der verliert alle, obwohl es nicht einmal der Glaube ist, der verloren geht, sondern die Exklusivität seiner Objekte, weil man weiß, dass man an alles glauben kann oder auch nicht. Ungläubig, also nüchtern betrachtet, hat sich nichts daran geändert, dass ich Kashinath, der »vielleicht« irgendwo in Indien ist, in drei Wochen nicht wiederfinden kann, wenn nicht der totale Zufall mitspielt. Und auf den zu vertrauen wäre nicht nur leichtsinnig, sondern schon leicht bescheuert.

Und die Synthese? Ich sag's mal so: Hegel endet hier. Ich gehe weiter, und schon nach wenigen Schritten lasse ich das prachtvolle Botschaftsviertel hinter mir und stehe wieder vor vier Spuren brutalem Verkehr mit Auspuffrohren, ohne Auspuffrohre, mit kaputten Auspuffrohren und mit Duschköpfen statt Auspuffrohren. Ich will zurück ins Touristenviertel, zu dem die Straße in einem weiten Bogen führt. Der Mensch ist zum Gehen gebaut, alles läuft rund, alles bleibt im Fluss, wenn er artgerecht in Bewegung bleibt, jeder Teil seines Körpers profitiert davon, alle Muskeln, Sehnen, Gelenke und Organe lieben das Spazierengehen, aber nach 50 Metern in Kathmandu stimmt das zumindest für meine Lunge nicht mehr.

Ein seltsamer Anblick entschädigt mich für die Unannehmlichkeiten. Nur wenige Meter neben der Straße trainieren auf dem Vorhof einer Schule junge Mädchen Karate. Sehr junge Mädchen, manche sind noch Kinder. Ich sehe nicht zum ersten Mal asiatischen Kampfkünsten zu, neu ist für mich nur das Wo. Genauso gut könnten sie in einer geschlossenen Garage üben, in der ein Selbstmörder den Motor seines Autos laufen lässt. Karate hat nicht nur mit Schlagen, Treten und richtigem Fallen zu tun, sondern vor allem mit richtigem Atmen, tiefem Atmen, aus der Mitte des Bauchs schießt der Atem heraus, um die Faust zu begleiten. Doch die Mädchen trainieren in dunklen Dieselwolken, und genauso sieht das aus. Das sind keine Karate-Schülerinnen, das sind Schlappspechte beim Hampeln, aber sobald mich die Mädchen sehen, reißen sie sich zusammen.

»Uuaaa!«

Der Schrei kommt nicht von ihnen, sondern von den Schülerinnen und Schülern, die etwas weiter weg im Innenhof der Schule den Messerkampf üben. Sie tragen Militär-Sportkleidung, und ihre Waffen sind aus Holz, aber jeder weiß, was sie anrichten könnten, wenn es echte Gurkha-Messer wären. Sie sind groß und krumm, sie stechen nicht nur, sie können auch Innereien herausreißen, wenn es sein muss. Die Gurkhas sind ein nepalesischer Volksstamm, der sich aufs Kämpfen spezialisiert hat. Aus ihm rekrutiert sich traditionell die gefürchtetste Einheit des nepalesischen Militärs, noch gefürchteter sind die Gurkhas der Briten. Als im Falklandkrieg die argentinischen Soldaten hörten, dass die Engländer ihre Gurkhas vorausgeschickt hatten, gab es kein Halten mehr. Denn noch immer kämpfen sie am liebsten mit ihren Messern und schätzen deshalb den Nahkampf sehr. Außerdem sind sie furchtlos. Es gibt einen Witz über den Mut der Gurkhas. Ich habe ihn schon einmal erzählt, aber nur gute Witze erzählt man zweimal oder mehr.

Ein britischer Offizier informiert seine Gurkhas über den nächsten Einsatz. Er ist riskant, sie müssen aus 300 Meter Höhe hinter den feindlichen Linien abspringen, und dafür sucht er Freiwillige. Etwa die Hälfte meldet sich. Der Offizier erklärt ihnen nun die Details des Absprungs, und als klar wird, dass die Gurkhas dafür Fallschirme bekommen, meldet sich auch der Rest.

Gibt es einen zweiten Atem? Ausdauersportler berichten davon. Wenn nichts mehr geht und man trotzdem weiterläuft, springt er wie ein zweiter Motor an. Ein geheimnisvoller Overdrive, der uns hilft, bis ins Touristenviertel zu laufen. Zunächst kann ich auch noch denken, obwohl es trübe Gedanken sind. Ich weiß, es handelt sich dabei nur um Impressionen und keine Wahrheiten, aber es wirkt stimmig auf mich, dass ich hier zwei Welten untergehen sehe. Die der Menschen und die der Götter. Für die erste kann ich das allgemein behaupten, für die zweite nicht. Das betrifft nur mich. Denn in dem Smog-Nebel verblasst grad alles, woran ich mal geglaubt habe. Die Wahrheit kam immer aus dem Osten für mich, die Weisheit Asiens, die Spiritualität des indischen Subkontinents, ich könnte ein Wörterbuch über meine asienaffinen Gläubigkeiten schreiben, von A wie Astrologie über H wie Hermann Hesse und I wie I Ging zu Z wie Zen oder Zirbeldrüse und wieder zurück. Und all das versinkt nun vor meinen äußeren wie inneren Augen in den bleiernen Dunstglocken von Kathmandu.

Der Mensch ist ein Säugetier mit großem Gehirn, das bei mir jetzt ausgeschaltet wird. Ich kann tatsächlich kaum noch atmen, ich will es auch nicht. Der Atemzug verstärkt den Schwindel, ich verspüre Übelkeit, eigentlich sind das schon Magenkrämpfe. Ich ziehe mein Hemd hoch und benutze den Kragen als Atemmaske, eine richtige habe ich noch immer nicht, und stolpere, kontinuierlich schwächer werdend, den verkehrsberuhigten Gassen Thamels entgegen. Ich habe so etwas noch nie erlebt. Indianer kennen keinen Schmerz, Reiseschriftsteller schon. Sie brauchen ihn für ihre Mission. Sie jammern nicht, sie berichten darüber, und sie haben ein Ziel, das jenseits aller Jammertäler liegt. Also keine Panik, alles wird Rum.

Spirituosen statt Spiritualität ist natürlich auch ein Weg, und ich gehe ihn nicht allein. Die Traveler, die vorhin was weiß ich wo waren, beleben jetzt die Gassen von Thamel, und es tut gut, so viele vertraute Gesichter zu sehen. Ich kenne keines persönlich, aber unpersönlich kenne ich sie alle, es sind die immer gleichen Gesichter, die man auch in der Khao San Road von Bangkok sehen kann, in der Longstreet von Kapstadt oder auf dem Djemaa el Fna von Marrakesch, die Gesichter von Rishikesh, die Gesichter von Bali oder, um es abzukürzen, die Gesichter des »Lonely Planet«. Rucksackreisende unter 30, um die 30, auch ganz junge um die 20, die noch fest an die Verheißungen legendärer Reiseziele glauben, bewegen sich im Ausgehmodus durch Thamel, und der Abend macht mit, er hat das abscheuliche Tageslicht verbannt und durch bunte Lichter ersetzt. Manche flimmern, manche nicht. Ich bummel an Bars, Restaurants, Musiklokalen und Milchshake-Shops vorbei und lande im New Orleans.

Kerzenlichter im überdachten Innenhof, beschallt mit Blues und Jazz, alle Tische voll besetzt, bis auf den Katzentisch am Eingang, der ist ideal für mich. Niemand mag allein zwischen lauter Pärchen, Turteltäubchen und Abenteueraffären sitzen. Ein erstes Heineken wäscht den Smog aus der Kehle, dazu höre ich Willy DeVille mit seiner Coverversion von »Hey Joe«. Das Lied ist kaum wiederzuerkennen. Latino-Rhythmus, mexikanische Trompeten, viel sumpfiger als Hendrix und tanzbar. Es zählt zu meinen ewigen Lieblingsstücken, ist aber selten zu hören, und als Nächstes kommt tatsächlich »(Sittin' On) The Dock Of The Bay«, und langsam frage ich mich, was ist das hier, ein Wunschkonzert per Telepathie zwischen mir und dem DJ? Er scheint auch der Chef zu sein, er sitzt mit seiner großen Familie am größten Tisch und lenkt von dort mit einem Apple das Musikgeschehen. Mit Otis Redding auf einem Pier am Hafen zu sitzen, fern der

Heimat, fern der Freunde, fern auch der Frau, die man liebt, überhaupt fern von allem, was mal das Zuhaus der Seele war, und dann das Zuhaus im Blues wiederzufinden funktioniert immer, wenn man Trost und Zuspruch braucht.

Den Glauben an den Blues werde ich nie verlieren. Noch ein Bier, noch ein Lied, noch eine Vertiefung des inneren Friedens, und dann kommt endlich Havanna Club auf den Tisch, der siebenjährige aus Kuba. Man darf ihn nicht mixen, dafür ist er zu edel, die Cola dazu gehört in einem Extraglas danebengestellt, und alsbald stellt sich zu dem immer tiefer werdenden Frieden die nötige Heiterkeit für alchemistische Experimente ein. Warum denn nicht? Einen, der erfahren musste, dass sein Glaube es ist, der jedem Scheiß die Kraft verleiht, Ängste wie Berge zu versetzen, hindert doch nichts mehr daran, es wirklich mal mit dem Chanten von Marken zu versuchen. Ich probier's gleich mal.

»Coca-Cola, Coca-Cola, Coca-Cola, Coca-Cola, Coca-Cola, Coca-Cola …«

15. KAPITEL

IN ZORANS GARTEN

KATHMANDU, AM ABEND DES 6. TAGS

»Helge?«

Ein Langhaariger steht vor mir.

»Helge Timmerberg?«

Alles klar, das passiert manchmal. Es gibt noch immer Leute, die Bücher lesen. Weil ich hauptsächlich über Reisen schreibe, kommt es an den Knotenpunkten der Traveler-Routen vor, dass ich erkannt werde, und weil das nicht im Minutentakt passiert, sehe ich darin keine Belästigung, sondern eine eigentlich immer willkommene Bestätigung meiner Arbeit. Und immer wieder wundert es mich, wie vertraut sie mich behandeln, wie einen Freund und Bruder, einen Wegbegleiter, einen Verbündeten auf ihren Straßen, den sie seit ewig kennen, und ich kenne noch nicht mal ihre Namen.

»Zoran«, sagt der Langhaarige.

»Serbe?«

»Ja.«

»Dann setz dich doch, wenn du willst.«

Ich mag Serben, nicht alle, aber dieser hier ist der Prototyp der Serben, die ich mag. Gerader Blick, Adlernase, durchtrainiert, kein Gramm zu viel. Solche Männer haben 1389 auf dem Amselfeld die Türken ausgebremst. Heute würden sie, wenn es sein müsste, das jederzeit auch wieder tun, sie sind der Schrecken ihrer Feinde und die Lebensversicherung ihrer Freunde, und Slibowitz ist der Brunnen ihrer Furchtlosigkeit. Den haben sie aber nicht im New Orleans, deshalb geht Zoran mit Johnnie Walker ins Gespräch. Er kommt ursprünglich aus Belgrad, wohnt aber schon seit Jahrzehnten in Berlin, das erklärt sein fast akzentfreies Deutsch mit dem Balkan-Aroma der Durchsetzungsfähigkeit. Wie alle Serben liebt er Schriftsteller. Auf mich ist er vor Jahren in einem Secondhand-Bookshop in Neu-Delhi gestoßen. Er sagt, ich schreibe, wie er schreiben würde, wenn er schreiben könnte. Und was kann er?

»Handeln«, sagt Zoran.

»Womit?«

Zoran grinst.

Er kann sich seine Offenheit leisten. Nach dem Studium meiner Reiseberichte weiß er, dass ein Dealer von mir nichts zu befürchten hat. Selbstverständlich gilt für ihn die Unschuldsvermutung. Ich kann ihn missverstanden haben. Ein Wunsch-Missverstehen, wenn man so will, und natürlich fürchte ich ihn auch nicht, denn böse Menschen sind nicht meine Leser. Zoran will sich nun alsbald einen Traum erfüllen. Auch das höre ich nicht zum ersten Mal. Die Leser von Bukowski träumten davon, mit Henry ein Bier zu kippen, die Leser von Hunter S. Thompson träumten davon, mit dem großen Gonzo zu koksen, und meine Leute wollen mit mir kiffen. Das ist mir peinlich. Lieber wäre mir, sie wollten mit mir meditieren, das schafft besseres Karma. Ich habe zu viele verführt und zu viele auf dem Gewissen, zu viel habe ich über den Spaß geschrieben und zu wenig über die Kollateralschäden, auch zu wenig über die Abhängigkeiten. Im vergangenen Jahr hörte ich sechs Monate mit Haschisch auf, es war die beste Zeit seit einer Ewigkeit.

»Und warum hast du wieder angefangen?«

»Das ist eine alte Geschichte, Zoran, willst du sie hören?«

DER GARTEN DER NACHT – 1. Akt

Ein Dichter wohnte bei seiner Mutter. Sie war Witwe. Geld gab es genug, aber zu wenig Leben. Das große Haus, der noch größere Garten sowie das Alter ihres Sohnes machten ihr zu schaffen. Er brauchte eine Frau, sie brauchte eine Schwiegertochter, und der Garten brauchte Kinder. Der Dichter aber interessierte sich nicht für Frauen, auch nicht für Männer, Zwitter oder Transvestiten. Ihn interessierten nur Gedichte, die schönen Worte waren seine Familie und, was noch lästiger war, nur die geschriebenen. Wirklich, er redete nicht, nie, mit niemandem, keine Silbe. Er konnte es, er wurde nicht stumm geboren, er hatte sogar eine schöne Stimme, aber seine Mutter hörte sie schon lange nicht mehr. Was er ihr zu sagen hatte, schrieb er auf ein Blatt Papier und reichte es ihr.

So ging das nun schon seit Jahren. Ein Sohnemann in Silentium und Zölibat, das kann keine Mutter auf Dauer ertragen.

»Hör zu, mein Sohn«, sagte sie eines schönen Morgens, »so geht das nicht weiter. Nicht mit mir. Und nicht mit den Nachbarn. Sie reden schon über uns. Du musst jetzt endlich heiraten.«

Auch der Dichter war es leid. Seine Mutter sagte das ja nicht zum ersten Mal, sondern jeden Tag.

»Dann such du mir eine Frau aus«, schrieb er ihr mit seiner wundervollen Handschrift aufs Büttenpapier. »Egal, wen du ins Haus bringst, ich nehme sie, okay.«

Wenn Mütter für ihre Söhne wählen, ist das Mädchen nicht zu schön, nicht zu hässlich, nicht zu klug, nicht zu dumm, nicht zu putzneurotisch und nicht zu schmutzig, wenn Mütter die Kupplerinnen sind, kriegt der Sohn eine gebärfreudige Köchin, die auch mit anpacken kann, wenn Möbel zu verrücken sind. Wenn Mütter entscheiden, kommt eine Frau ins Haus, die dem Postillon d'Amour gefällt und nicht dem Adressaten, aber der Dichter hielt sein (geschriebenes) Wort und heiratete die Wahl seiner Mutter auf der Stelle.

»Warum sprichst du nicht mit mir?«, fragte die Braut.

»Ich spreche mit niemandem. Es ist ein Gelübde«, schrieb er.

»Bist du bescheuert?«

So ging es schon mal los, das Nächste waren ihre einsamen Nächte. Sobald es dunkel wurde und ihr Mann gespeist hatte, verschwand er in dem großen, halb verwilderten und ihr auch ein bisschen unheimlichen Garten und kam erst bei Morgengrauen ins Haus zurück. Und ins Bett. Zu dieser Zeit schlief sie fest. Ihm in den Garten zu folgen, um dort auf ihre Rechte zu pochen, hatte er ihr strengstens verboten. Unterm Strich bedeutete das: kein Sex. Weil die Ehe nicht vollzogen wurde, konnte sie nach sieben Tagen das Weite suchen.

Die Mutter gab nicht auf, aber es war immer das Gleiche. Keine Frau hielt es mit dem Dichter aus. Es gab durchaus ein paar, die keinen Sex wollten, aber die wollten Kommunikation, und ja, sie fand sogar eine, die weder ficken noch schwätzen musste, nur kuscheln, aber wie geht das, wenn das Bett unbemannt ist. Ein Kissen ist kein Gatte. Nach 13 Pleiten hängte deshalb die Mutter ihr Schwiegertochter-Beuteschema von A bis Z an den Nagel und suchte nur noch nach der größten Leseratte in town, und als sie die gefunden hatte, war nicht nur sie selbst, sondern auch ihr Sohn höchst erstaunt. Das Mädchen war wunderschön.

»Und taub«, lacht Zoran.

»Nein, das wäre zu einfach. So gut war das Karma des Dichters nun auch wieder nicht.«

»Erzähl weiter, oder warte, ich bestelle mir noch schnell einen Whiskey und dir einen Rum. Und keine Sorge, ich zahle.«

Während der Serbe den Nachschub regelt, lehne ich mich entspannt zurück. Was für ein schöner Abend ist aus diesem beschissenen Tag geworden. Das Glück des Reisens. Wenn Wildfremde zu Freunden werden, denen man Märchen erzählen kann. Lügen, die wahr sind, denn ich erzähle Zoran ja keinen Scheiß. Er ist eh niemand, den man verscheißern kann. Ach, ich liebe meine Leser. Die Getränke kommen, die Geschichte geht weiter.

DER GARTEN DER NACHT – 2. Akt

Die bildschöne Leseratte hatte, wie zu erwarten war, null Probleme damit, dass ihr Mann nur schriftlich mit ihr kommunizierte, mehr noch, sie tat es ihm gleich, a) aus Solidarität und b) weil es ihr Spaß machte, und immer nach Anbruch der Dunkelheit mit ihren Büchern allein gelassen zu werden passte ihr ebenfalls in den Kram. Für sie war er der ideale Ehemann, für ihn sie die ideale Ehefrau, und bei so viel Winwin verwundert es nicht, dass die beiden sich schnell und schwer ineinander verliebten, womit die Probleme begannen, denn ein verliebter Mann will und muss unbedingt auch mal laut »ich liebe dich« sagen, und eine verliebte Frau beginnt sich bald zu fragen, was ihr Liebster da im Garten eigentlich jede Nacht tut. Am 40. Abend ihrer Ehe brach sie deshalb ihr Versprechen. Sie wartete ein Weilchen, nachdem er wieder in seinem Nachtgarten verschwunden war, dann schlich sie hinterher.

Vollmond!

Er leuchtete die Nacht aus, trotzdem hatte sie gute Karten. Ein lange ungemähter Rasen, ausufernde Büsche und große

Bäume erwiesen sich als ideales Terrain fürs Hinterherschleichen. Und was war das? Hörte sie aus der Tiefe des Gartens gerade eine weibliche Stimme? Noch zu leise, um sie zu verstehen. Aber was gab es da zu verstehen? Und die andere Stimme, die sie nun auch zu hören begann, war das die Stimme ihres Mannes? Der mit ihr kein Wort redete, aber mit dieser Schlampe im Garten sprach er jede Nacht? Das Herz der Verliebten drohte zu zerreißen, und als sie dem Geschehen näher gekommen war, sah sie tatsächlich eine Frau, aber eine transparente. Sie schwebte über einem kleinen Teich, der Dichter stand davor. Und sie führten offensichtlich ein emotional aufgeladenes Gespräch.

»Nein! Nein! Nein!«, sagte das magische Wesen gerade. »Wir haben einen Vertrag. Du sprichst nur mit mir und sonst niemandem, du opferst mir deine Stimme, und dafür gebe ich dir DIE POESIE, schon vergessen?«

»Aber sie ist die erste Frau, die ich liebe. Und ich muss ihr das gestehen. Es muss einfach raus, sonst platze ich.«

»Dann schreib's doch auf.«

»Das ist mir zu wenig. Und ihr auch. Verstehst du das nicht, o Königin der Musen, nur dieses eine Mal, ich bitte dich.«

»Nein! Nein! Nein!«

Durch die Körpersprache des Mannes, die bisher eine flehende gewesen war, ging ein Ruck. »Dann scheiß auf die Gedichte«, sagte er und drehte sich um. Praktisch synchron dazu hielt es seine Frau nicht mehr länger in ihrem Versteck zwischen den Büschen zurück, und schon lagen sie sich in den Armen und gestanden sich, was sie zu gestehen hatten.

End of story.

»Schade«, sagt Zoran. »Ich hatte gehofft, dass er sich fürs Schreiben entscheiden würde. Für mich, als Leser, ist das kein Happy End.«

»Keine Sorge, Zoran, es ist ein Märchen.«

»Du bist der Schweigende, ich hab's schon verstanden, aber dafür redest du eigentlich zu viel.«

Vorher war es Heiterkeit, jetzt erfüllt schallendes serbisches Lachen den Luftraum über unserem Tisch. Und ich mache gerne mit. Wirklich, das wird ein super Abend.

Nachdem Zoran sich wieder beruhigt hat, komme ich zur Pointe.

»Mit dem Schweigen hast du auf 'ne Art recht, aber der Rest der Geschichte passt. Weißt du, wie sie heißt, meine Königin der Musen?«

»Haschisch«, sagt er, »ich weiß.«

»Und weißt du auch, wie viele Frauen ich wegen dem Kiffen verloren habe?«

»Na klar, das weiß ich auch. Ich habe alle Bücher von dir gelesen, mein Freund.«

Kiffen und Frauen geht selten, und Kiffen und Schreiben geht gar nicht mit einer Frau, es sei denn, sie kifft und schreibt selber, aber dann braucht sie, wie ich, die einsamen Nächte, also es geht nicht, so oder so. Um der Einsamkeit des Dichterlebens zu entfliehen, traf ich im vergangenen Jahr dieselbe Entscheidung wie der Held des Märchens, aber weil ich nicht, wie er, bei meiner Mutter lebte, sondern mich selbst zu finanzieren pflegte, musste ich nach sechs Monaten wieder an die Arbeit. Und kehrte zu meiner Muse zurück.

»Du kannst nur schreiben, wenn du dabei kiffst?«

»So ist es.«

Zoran sieht mir in die Augen, wie Serben es tun, wenn sie nun etwas Wichtiges zu sagen haben.

»Das bildest du dir ein, oder nein …«

Jetzt zeigt er zu dem Serbenblick auch noch mit dem Finger auf mich.

»… du redest es dir ein. Es ist deine Ausrede fürs Kiffen.«

Er erntet dafür nur ein müdes Lächeln.

»Das sagen alle, Zoran …«,
(kleine dramaturgische Pause),
»… außer denen, die schon mal mit mir zusammengearbeitet haben.«

Zorans branchenübergreifende Professionalität akzeptiert das sofort.

»Und was ist jetzt?«, fragt er. »Arbeitest du jetzt grad auch? Wenn ja, dann schlage ich vor, wir gehen mal kurz um die Ecke in mein Haus.«

Zorans Haus ist nicht Zorans Haus, sondern das eines Freundes, der für ein paar Wochen in Europa weilt. Dem aber gehört es schon lange. Es ist genau die Unterkunft, die Hippies hier früher festnagelte. Blicksichere Mauern drum herum, bepflanzter Innenhof, sogar ein Brunnen, alles in allem eine Oase, wie bei Scarlett, nur kleiner und auch maskuliner bewirtschaftet. Ich muss zur Toilette, und als ich wieder herauskomme, ist Zoran in der Küche, die Tür steht auf, ich gehe rein und sehe, wie er von einer Art Schwarzbrot ein Stück abschneidet.

Scarlett kifft nicht, und sie mag auch nicht, wenn ich es tue. Nicht in ihrem Haus, nirgendwo. Ihre Toleranz verbietet das plumpe Verbot, aber mir reicht's, wie sie mich dann anschaut. Ein bisschen mitleidig, ein bisschen besorgt, ein bisschen genervt und ein bisschen mit wissenschaftlichem Interesse. Wie ist das, wenn ein intelligenter Mensch mit ein paar Zügen zügig zum Trottel wird? Welche Rückwärtsbewegungen der Evolution greifen hier? So in etwa denkt die Hobbyneurologin in ihr. Und genervt ist sie wegen der Unsicherheit. Das ist normal. Haschisch sensibilisiert, und sensible Menschen kommen nicht mit dem Selbstbewusstsein von Elefantenjägern daher. Kiffen macht mich schüchtern, und das findet Scarlett leider nicht niedlich, sondern unmännlich, und so was will sie nicht in ihrem Haus. Ich rauche deshalb mit Zoran an Zorans Tisch meinen ersten Joint in Nepal.

Nach sechs Tagen Nüchternheit fährt das generell stärker als gewohnt hinein, dazu kommt, dass der Serbe anders mischt als ich. Ich bevorzuge die homöopathische Dosierung des THC, den Flügelschlag der Feen, aber davon einen nach dem anderen, während Zoran den Erstschlag schätzt, nach dem erst mal Ruhe ist. Und natürlich hat auch die Qualität und Frische des schwarzen Nepali viel mit dem Zustand zu tun, in den ich rutsche, erst in den Stuhl, dann in die Sprachlosigkeit, obwohl es mich zu sprechen drängt. Aber die Wörter schaffen es kaum heraus, der Mund trocknet mir aus, egal, wie viel ich trinke. So komme ich heute nicht mehr nach Haus. Zoran errät meine Gedanken, was nicht schwer ist, meine Körpersprache würde jedes Kind verstehen. Wir sitzen im Garten vor dem Häuschen, in dem das Wohn- und Schlafzimmer ist, daneben steht ein weiteres Häuschen mit der Küche, und es gibt in dem Garten noch eine Hütte mit einer kleinen Veranda.

»Das ist das Gästezimmer«, sagt Zoran. »Bleib über Nacht, wenn du willst.«

Ich nehme sein Angebot an und tue gut daran, denn es beginnt mal wieder zu regnen. Der Gartentisch ist überdacht, wir werden nicht nass, und weil ich nicht reden kann, erzählt Zoran irgendwas. Aber zuhören kann ich auch nicht. Das Gute an Überdosen ist, dass ihre Wirkung nachlässt, denke ich und baue auf die Zeit und die Unterhaltsamkeit der Regentropfen. So geht es eine Weile dahin, dann piept Zorans Handy. Nachdem er die Nachricht gelesen hat, fragt er, ob er mich für einen Moment allein lassen kann, für eine halbe Stunde oder so, denn er muss mal kurz geschäftlich weg. Mir ist das superrecht. Allein muss ich nicht höflich sein, allein muss ich mich nicht mehr verstellen, allein kann ich mich ganz und gar der Balance widmen, die ich wiederfinden muss. Und Zoran, der mich mit gutem Gewissen allein lassen kann, sieht darin, wie ich, eine Win-win-Situation. Und ganz allein werde ich ja auch nicht sein. Er lässt das Haschisch, von dem wir rauchten, auf dem Tisch zurück. »Bedien dich«, sagt er. Das ist die Gastfreundschaft der Serben. Aber es ist auch das Vertrauen zum Autor. Er hat alles von mir gelesen, sagt er, und er weiß, dass ich kein Kleptomane bin, der klaut, ohne es nötig zu haben. Und, ach ja, die Musik muss er jetzt leider ausstellen. Dafür ist es zu spät. Sein Nachbar ist Brahmane. In Indien sind viele Brahmanen okay, sagt er, in Nepal nicht. Hier sind sie alle überzeugt von dem Herrschaftsanspruch ihrer Kaste. Dann geht er.

Allein in Zorans Garten.

Die Zeit wird langsamer, der Regen schneller. Er tropft nicht mehr, er beginnt zu fallen. Über mir treibt der Wind schwarze Wolken vor sich her, ein wenig von seiner Macht zirkuliert auch im Garten. Die Kerzen flackern auf Zorans Tisch. Dazu ein bisschen Donner und hier und da ein Blitz. Zu den biochemischen Unannehmlichkeiten der Überdosis gesellt sich also nun die Unheimlichkeit der Szenerie, und die Gedanken sind bekanntlich die Wolken im Wind der Gefühle.

Man sollte sie treiben lassen, kommen und gehen und tschüss, aber in einer dieser Gedanken-Wolken sehe ich plötzlich in böse Augen. Ich blickte auf dem Weg vom New Orleans zu Zorans Haus in sie, und sie blickten zurück. Es gibt böse Augen von guten Menschen, die auch manchmal böse sind, es gibt böse Augen von Dauerbösen, und es gibt böse Augen von Polizisten. Weil ich nichts zu verbergen hatte und noch wunderbar unschüchtern war, reagierte ich vorhin gelassen, jetzt erschrecke ich mich nachträglich ein bisschen über so viel Bosheit und die Möglichkeiten, ihr ausgeliefert zu sein. Nein, es ist kein Erschrecken, eher ein Gruseln, das einen beim Anschauen eines Gruselfilms erfasst oder beim Lesen eines Gruselromans. Ein Gruseln in Sicherheit, denn ich bin nicht mehr auf der Straße, sondern in Zorans Haus.

In dem wie viele Kilo Haschisch liegen?

Eins habe ich in seiner Küche gesehen, aber warum sollten es nicht mehrere sein, man hat seine Augen nicht überall, und schon ein Kilo reicht völlig aus, um in Nepal schwer in die Scheiße zu geraten, auch durchaus wörtlich, denn die sanitären Anlagen der hiesigen Gefängnisse werden immer gleich beschrieben. 100 Männer und ein Loch. Dazu Wärter mit Augen wie die von dem Polizisten. Prügelstrafen, verdorbenes Essen, und das ein paar Jahre lang. Würde ich das überstehen? Nein. Aber wenn doch, wäre ich dann endlich ein Mann? Kann sein. Einem »Kann sein« auf ein »Nein« haftet wenig Beruhigendes an.

Donner, Blitze, Regen.

Wie wäre es also, wenn gleich oder bald nicht Zoran, sondern nepalesische Polizei zur Tür hereinkäme? Vielleicht auch mit ein paar von ihren Gurkhas? Wie ginge es dann weiter, was geschähe dann mit mir? Nichts, wenn ich cool bleibe, dann finden sie lediglich einen Haufen Haschisch im Haus, der nicht mir gehört. Ich bin nur ein Gast und kenne den Gastgeber erst seit einer guten Stunde, und könnten Sie mir vielleicht ein Taxi rufen? Wird es so ablaufen? Irgendetwas in mir sagt wieder: nein. Irgendetwas Kompetentes dringt aus dem Unbewussten ins Bewusstsein, und da ist sie, die Erinnerung an einen sonnenverbrannten Gefängnishof in Indonesien.

Ich war dort, um zwei Insassen zu interviewen, einen deutschen und einen Schweizer Rucksacktouristen. Sie hatten auf der Insel Madura in einem Haus übernachtet, dessen Besitzer für ein paar Tage auf Reisen war. Am Morgen kam ein Trupp Polizisten, fand im Haus 40 Kilo Haschisch und nahm die beiden mit, obwohl sie das Gleiche sagten, wie ich es sagen wollte, wenn es nötig werden sollte: Wir sind Gäste, der Hausbesitzer ist weg, wem das Zeugs gehört, wissen wir nicht. Sie sagten das der Polizei, sie sagten das dem Staatsanwalt, sie sagten das dem Untersuchungsrichter, und sie sagten das ihrem indonesischen Anwalt, der wiederum »no problem« sagte, ich rette euch, und das machen wir mit unserer fabelhaften Korruption, anders geht es hier nicht. Die Summe, die er brauchte, um die Entscheidungsträger zu bestechen, konnten die Eltern der Verhafteten nicht stemmen, und sie mussten sich das Geld leihen. Sobald es auf seinem Konto eingetroffen war, sprach der Mann von einem Missverständnis und nannte die Bestechungsgelder von nun an einen Honorarvorschuss für seine anwaltlichen Tätigkeiten.

Die beiden Rucksacktouristen gingen nun auf eine Reise durch mehrere Gefängnisse, in jedem wurden die Neuankömmlinge von den Insassen rituell verprügelt, mittlerweile waren sie zum Tode verurteilt, und dass sie noch lebten, als ich mit ihnen sprach, verdankten sie einer Laune des indonesischen Justizministeriums, das eigens für ihre Hinrichtung in der USA einen elektrischen Stuhl bestellt hatte, doch die Lieferung war noch nicht eingetroffen. Den Schweizer hatte all das zum Mann gemacht, wenn er nicht schon vorher einer gewesen war, der Deutsche war gebrochen. Der Schweizer konnte wenige Wochen nach unserem Interview fliehen, der andere wartete weiter aufs Verbrutzeln.

End of story.

Und Beginn einer neuen Gruselphase.

Fluchtgedanken, Fantastereien aus dem Abenteuerreich der Gejagten. Sollten tatsächlich gleich oder bald Fäuste an Zorans Eingangstor hämmern, wie käme ich dann von dannen? Über die Mauer zu Nachbars Garten. Mit einem Stuhl davor könnte ich es schaffen. Und was mache ich dann mit dem Brahmanen? Ein Mann muss tun, was ein Mann tun muss. Wenn er sich mir in den Weg stellt, muss ich den Brahmanen niederschlagen. Schnitt. Ich laufe durch dunkle Gassen, Hunde bellen, Schatten springen mich an, hinter mir die Stimmen der Verfolger. Schnitt.

Ich sitze an Zorans Tisch und weiß, dass ich spinne. Es waren ja nur zwei böse Augen, die der Auslöser waren, mehr nicht. Trotzdem scheint der Wind der Gefühle noch mal an Fahrt aufgenommen zu haben, und was ich in der Wolke sehe, die er jetzt zu mir schickt, reißt mich aus der Komfortzone des rein spekulativen Grauens wie ein Blitz.

Neben dem Bullen mit dem bösen Blick stand ein Zivilist. Derselbe Zivilist, der plötzlich zufällig neben uns ging, als wir ein paar Schritte weiter waren. Er telefonierte, hielt aber sein Smartphone mit einer Handbreit Abstand von seinem Ohr. Auf der Gasse dachte ich mir nichts dabei, jetzt schon. In Zorans Garten wird mir klar, dass der Kumpel des Bullen sein Smartphone als Mikrofon benutzte, um unser Gespräch abzuhören. Worüber haben wir auf der Straße gesprochen? Ich weiß es nicht mehr. Ich weiß nur, dass er seine Begleitung aufgab, um mit einem Mann zu reden, der neben seinem Motorrad stand. Und als wir an Zorans Haus angelangt waren, fuhr derselbe Motorradfahrer an uns vorbei. Wieder nichts dabei gedacht, aber an Zorans Tisch wird daraus die perfekte Kette, der Blitz der Erkenntnis, das große Erschrecken. Es ist wahr. Alles ist wahr, oder wird wahr, entweder gleich oder bald oder gleich danach. Ich höre Motoren. Sie nähern sich. Aus dem Erschrecken wird Panik. Mein Magen dreht sich um, der Atem verkrampft, mein Herz rast, und endlich greife ich zu meinem Smartphone, um das Video zu aktivieren, das Nima von dem alten Baba im Pashupatinath gemacht hat.

Der Spuk ist auf der Stelle vorbei.

Aber so was von auf der Stelle. Der Baba wiederholte das Mantra fünfmal, aber schon nach dem ersten Mal hat es meine finsteren Fantasien wie einen schlechten Film zerrissen oder zerschnitten oder einfach auch nur gestoppt. Aber total, fast brutal, ohne Abspann, alle Lichter im Kopfkino gehen auf einen Schlag an. Ich bin wieder da. Und völlig klar. Auch komplett nüchtern und ohne jede Angst. Die Panikattacke entlädt sich in Lachen. Eine Paranoia, sieh an, und das in deinem hohen Alter! Ich bin so verblüfft wie erleichtert. Wie konnte mir das passieren, einem alten Hasen des Kiffens? Mein Gott, man geht halt manchmal an schlecht gelaunten Polizisten vorüber, und hin und wieder überholt einen auch jemand, der dabei telefoniert, und dass ein Motorradfahrer vorbeifährt, der vorher irgendwo rumgestanden hat, kommt auch schon mal vor. Daraus die Kette des Grauens zu schmieden ist schon sehr bedenklich. Außerdem verblüfft mich die Wirkung des Mantras auf einen, der Mantras nicht mehr vertraut. Nicht den falschen, nicht den richtigen. Oder ist das Richtige an dem richtigen, dass es in jedem Fall seinen Job macht, auch wenn man nicht daran glaubt?

Dann werde ich wissenschaftlich. Ich brauche empirische Erkenntnisse. Wird es mich ein zweites Mal befreien? Ich drehe einen Joint von Zorans Haschisch und versuch es noch einmal. Negativ. Es gibt nichts zu befreien. Ich werde zwar sofort wieder rattenbreit, aber keine Ängste wallen auf. Konzentrier dich, Helge. Die Augen des Bullen, das Kilo in der Küche, die armen Schweine in Indonesien, die überfließende

Scheiße im Loch nepalesischer Gefängnisse, das wird schon, wenn du dir ein bisschen Mühe gibst, Selbsthypnose ist doch deine Königsdisziplin. Aber nichts wird, die Geisterbahn hat für heute Nacht Feierabend gemacht.

Zoran kommt nach Haus. Er ist ziemlich nass und entschuldigt sich, dass es etwas länger gedauert hat.

»Ich hoffe, du hast dich nicht gelangweilt«, sagt er.

»Keine Minute«, antworte ich.

Wir trinken noch was aus Zorans Hausbeständen, dann fahre ich doch nach Bodnath zurück, weil ich wieder reisefähig bin. Auf dem Weg bis zum Taxi bieten sich endlich Gelegenheiten, die Wunderkraft des neuen Mantras erneut zu testen, aber keine großen, es sind nur die üblichen kleinen Gassenängste nach Mitternacht. Und auch in einem eigentlich kaputten Auto zu sitzen, das sich über eigentlich kaputte, aber um diese Zeit fast leere Straßen eigentlich viel zu schnell bewegt, gebiert nur leichte Prüfungen für das richtige Mantra gegen die Angst.

Ich murmel es mittlerweile selbst, und vielleicht ist das der Grund, warum es zwar verlässlich wirkt, aber anders als aus Babas Mund. Es macht nicht mehr zack, aus und bumm, die Angst ist noch da, oder soll ich besser sagen, das Wissen um die Gefahr? Es wird nichts ausgeblendet, gelöscht oder aufgelöst wie ein Stück Zucker im Kaffee, es wird eher etwas dazugegeben, ein Klang, ein Ruf, ein Kampfgesang erklingt zunächst am Rand der Angst, dringt aber unaufhörlich zu ihrer Mitte. Verbündete im Anmarsch, befreundete Truppen rücken vor, die Glorreichen Sieben der Neuronen, die Musketiere der Hormone, die Tempelritter der Transzendenz, und der Kampfgesang, den sie alle miteinander anstimmen, heißt Mut. Auch schön. Dieses Mantra eliminiert nicht meine Ängste, wie das falsche es 15 Jahre lang tat, das richtige gibt mir nur den Mut, ihnen ins Auge zu sehen. Und das ist schon ein interessanter Unterschied. Dass es in Zorans Garten wie das falsche gewirkt hat, wird damit zusammenhängen, dass es a) aus Babas Mund zu mir ins Hirn kam, es b) eine Notfallsituation war und es c) für paranoide Fantasien keinen Mut braucht. Was soll das, mutige Zwangsgedanken? Gegen die hilft nur zack, Schluss und aus. Und noch etwas. Das neue Mantra ist melodischer als das alte. Man kann es singen. Und am besten, aber wirklich am allerbesten, entfaltet sich anscheinend seine Wirkungskraft, wenn man, wie ich, vorher ein Schlückchen getrunken hat. Nach einem ereignisreichen, mitunter auch schweren Tag fahre ich singend nach Haus, und der Fahrer singt mit, denn er kennt es bald auch. Ein mantratrunkenes Taxi jagt durch Kathmandu, und der Monsun schlägt die Trommeln dazu.

16. KAPITEL

7. TAG IN KATHMANDU

Nuttenfrühstück am Nachmittag. Nescafé und Zigarette. Gern würde ich sagen, die Vöglein singen und die Sonne scheint, aber beides wäre gelogen. Der Himalaja bleibt weiterhin im ewigen Grau verborgen. Es regnet nicht. Nima kommt zur Tür herein.

»Namaste«, sagt sie.

»Namaste«, sage ich.

Der Gruß kommt mir leichter von den Lippen als hello oder hi, auch leichter als guten Tag, bonjour, buenos días, jambo jambo, moin moin oder irgendetwas in dieser Art. Das muss kein weiteres Indiz für mein früheres indisches Leben sein, hier reichen der Wohlklang des Wortes und die Gefälligkeit der Botschaft. Namaste heißt »Ich verbeuge mich vor dir«.

Nima will wissen, wie es mir geht, und ich erzähle ihr von der letzten Nacht. Nicht alles, nur den legalen Teil. Das neue Mantra wurde ausprobiert, und es hat nicht versagt. Wie man es ausspricht, habe ich mitgekriegt, aber ich weiß nicht, wie es korrekt geschrieben wird. Wir hören das Video mit dem alten Baba noch mal ab, sie schreibt das Mantra in mein Tagebuch. Fünf Wörter, zehn Silben. Ihre Schrift ist anmutig und klar. Om Gang Gana-Pataya Namaha. Ich werde nicht mit leeren Händen nach Hause kommen.

»Sie wollen zurückfliegen?«

»Gelegentlich.«

Ein elegantes Wort für die Unentschiedenheit. Vor zwei Tagen hätte ich noch gesagt, die Zeit für eine Münze wird reif. Mittlerweile habe ich Opodo als Entscheidungsträger. Bevor Nima wieder rübergeht, bittet sie mich darum, ihr das Baba-Mantra-Video zu senden, was ich auf der Stelle erledige, dann gehe ich beherzt in die Warteschleife meines fabelhaften Online-Reisebüros. Sula kommt in die Küche auf einen Nescafé. Mein Bett hat sie bereits gemacht, das geht schnell, aber dann kommt das Gästebad dran, das dauert länger. Nachdem sie die Toilette, die Dusche, das Waschbecken, den Spiegel, die Wandfliesen und den Boden gereinigt hat, bin ich noch immer in der Warteschleife. »Was machst du als Nächstes, Sula?«, frage ich, »den Salon«, sagt sie, und ich lege auf.

Stattdessen koche ich mir einen Haferbrei, gebe Bananen, Nüsse und Honig dazu und freue mich darüber, dass ich mein Lieblingsfrühstück auch dann noch werde genießen können, wenn ich zahnlos bin, von den Nüssen mal abgesehen, aber die lassen sich klein reiben, zu Nussstaub, wenn man will, und das andere, was mich freut, ist die Entscheidung von Opodo. Bleib noch ein bisschen, halt noch ein bisschen aus, woanders regnet es auch, vor allem zu Haus. Und was braucht man am dringendsten, wenn man noch ein bisschen in Kathmandu bleiben will?

A: ein gutes Buch
B: feste Schuhe
C: frische Rupien in kleinen Scheinen
D: Eine Atemmaske

In den europäischen »Wer wird Millionär«-Formaten wäre das möglicherweise die 5000-, wenn nicht gar die 50 000-Euro-Frage, in Indien und Nepal könnte man damit nicht mehr als 50 Euro gewinnen, denn da kennt man sich aus. Die richtige Antwort ist also D, und ich mache mich endlich auf den Weg in eine Apotheke. Sie haben zwei Modelle. Den weißen Mundschutz, billig und dünn, und den schwarzen mit eingenähtem Extrafilter, der ist etwas teurer, sieht aber auch erschreckender aus. Der weiße ruft nur Bilder von Epidemien ins Bewusstsein, der schwarze erinnert an Science-Fiction-Filme und Spaziergänge auf lebensfeindlichen Planeten. Er verdeckt fast das ganze Gesicht, nur Augen, Stirn und Ohren nicht, man könnte mit ihm auch eine Bank überfallen und zu Motorradraubzügen aufbrechen, und falls Nepal mal die Vollverschleierung verbieten sollte, wäre das auch für Muslimas eine sinnvolle Alternative. Der Weg bis zum Pashupatinath, den ich nun zu Fuß zurücklege, wird zur Teststrecke. Ergebnis: Der Atem kratzt nicht mehr.

Was wurde nur aus unseren Paradiesen? Dieses wurde 1970 von Cat Stevens besungen. »Katmandu, I'll soon be seeing you.« Entweder bin ich 50 Jahre zu spät oder zwei Wochen zu früh gekommen. So lange wird es noch regnen, sagte Nima vorhin. Und wie tief will ich die Latte eigentlich noch legen, um die Entscheidung von Opodo trotzdem weiterhin gut zu finden? Der Atem kratzt nicht mehr? Na prima. Und Glückwunsch zum professionellen Zeitmanagement. Je später man in Kathmandu aufsteht, desto früher wird's in Kathmandu auch wieder dunkel. Und wenn der Tag zu Ende geht, wird im Pashupatinath Aarti gesungen. Nur deshalb zieht es mich in den Tempel. Die Hoffnung, dort doch noch auf Kashinath zu treffen, habe ich aufgegeben.

Wieder brennen die Toten, wieder tanzen Mädchen in Pluderhosen, wieder schwenken Brahmanenpriester Räuchergefäße und Lichtschalen, wieder flackert der Schein von Flammen und Flämmchen an den uralten Tempelmauern in den Rhythmen der Tablas, Sitars und Quetschinstrumente, und natürlich spielt auch wieder die ewige Krishnaflöte zu dem ewigen Lied der Hindus. Die Menschen sterben, aber das Lied ist nicht totzukriegen. Sie singen es unisono und so fröhlich wie im Kindergarten, denn die Seele verhält sich zu Gott immer wie ein Kind, sagen sie, und ich gebe ihnen recht, sobald ich mich zu ihnen gesetzt habe, auf die Stufen am Fluss Bagmati im Pashupatinath.

Ich singe nicht mit, aber mein Herz öffnet sich. Hier ist mein Platz. Nicht bei den Asketen, nicht bei den spirituellen Zauberkünstlern, nicht bei den Hardcore-Heiligen und Menschenfleisch konsumierenden Fakiren, und auch nicht bei den Dauermeditierenden in ihren Höhlen, da gehöre ich nicht hin, mein Platz ist hier, bei den Devotees. Im Unterschied zu den Yogis wollen Devotees nicht zu Gott werden, sondern Gott lieben. Und das fühlt sich einfach besser an. Devotion heißt Hingabe, nicht Unterwerfung, und auch das ist ein Unterschied, denn das eine braucht Angst, und das andere, ich sagte es schon, Liebe, auch Liebe zum Leben und seinen Abwechslungen. Mal jung, mal alt, mal reich, mal arm, mal schön, mal weniger attraktiv, mal oben, mal unten, mal wird man belohnt und mal geprüft, und mal brennt man, wie die auf der anderen Seite des Flusses.

17. KAPITEL

8. TAG IN KATHMANDU

Aarti dauert mit allem Drum und Dran 40 Minuten, aber Kathmandu dauert 24 Stunden, auch mit allem Drum und Dran. Auch die halbe oder, let's face it, längst die ganze Nacht wieder allein mit dem Regen, dem Donner und den Blitzen auf Scarletts Balkon zu sitzen ermüdet den Durchhaltewillen. Darum bin ich nach dem ersten Nescafé wieder an meinem Smartphone und wähle die verfluchte Nummer. Überraschung. Dieses Mal geht der Computer nur kurz dran, dann gibt er mich tatsächlich an eine beseelte Stimme weiter.

»Mein Name ist Isabella Wild«, sagt eine junge, gut gelaunte Mitarbeiterin des Callcenters, »was kann ich für Sie tun?«

»Wild wie wild oder Wild wie Wild?«, frage ich.

»Wie meinen Sie das?«

»Na, wild wie … (ich suche nach dem unverfänglichsten Wort) … wie temperamentvoll, oder heißen Sie Wild wie Rotwild, wie zum Beispiel ein Reh?«

Glück gehabt. Sie lacht. Und am Ende dieses Lachens habe ich ohne Aufpreis, und eigentlich auch ohne jedes vertragliche Recht dazu, meinen Rückflug umgebucht und einen Platz in der 7-Uhr-Maschine von Turkish Airlines mit Stopover in Istanbul. Und zwar morgen. Und zu früh, um überhaupt noch vorher ins Bett zu gehen, denn ich muss zwei Stunden vor sieben am Flughafen sein. Das ist das Erste, woran ich nach dem Telefonflirt denke, das Zweite ist:

»Wirklich!«

Opodo hat entschieden. Jetzt geht es ans Abschiednehmen. Zum letzten Mal besuche ich den Pashupatinath und höre beim Aarti zu, jetzt aber von der anderen Seite des Flusses. Einer Laune oder einer Eingebung folgend, habe ich mich nicht zu den Singenden, sondern zu den Toten gesellt. Einer brennt, einer wird vorbereitet. Er liegt auf einer Bahre aus gelbem Brokat auf seinem Scheiterhaufen. Der älteste Sohn umkreist ihn fünfmal im Uhrzeigersinn. Dann übernimmt das Feuer. Zuerst brennt der Kopf, zuletzt die Füße, und in der Zwischenzeit habe ich genug Gelegenheit, meine Träume dem Leichenfeuer hinzuzugeben und mit verbrennen zu lassen. Die großen wie die kleinen. Jetzt endlich mal für immer im Himalaja auszuchecken war der heimliche Traum am Ende des ersten Tages in Kathmandu, nur noch ein bisschen zu bleiben, träumte ich gestern. Und auch die Hoffnung, Kashinath jemals wiederzusehen, gehört in dieses Feuer. Es folgt die Bücherverbrennung ungeschriebener Bücher. »Wie ich den Yogi 30 Zentimeter über dem Boden schwebend in einer unzugänglichen Höhle wiederfand«. Aus, vorbei, die Flammen vertilgen es grad bis zur letzten Seite. »Wie ich den Levitierenden dann rundmachte, weil er mir mal ein Placebo verpasst hatte«. Auch schon verbrannt. Dasselbe geschieht mit Plan B. »Wie ich nach einer langen Reise durch

Nepal und Indien zwar nicht den Yogi fand, aber was anderes«. Asche zu Asche. Träume, Pläne, Bücherideen verbrennen mit dem Toten, nur die beiden Mantras nicht. Weder das falsche noch das richtige. Das erste, weil ich nicht undankbar, das zweite, weil ich nicht dumm sein will. Das Mantra gegen die Angst hat mir brav geholfen, solange ich daran glaubte, und das waren immerhin 15 Jahre, und das Mantra für den Mut half mir in Zorans Garten, obwohl ich nicht dran glaubte. Ich verstehe das zwar alles noch nicht so richtig, um nicht zu sagen, überhaupt nicht mehr, aber in die Flammen kommen sie nicht.

Und end of story.

Wirklich?

Ich verlasse das Feuer der toten Geschichten und muss auf dem Weg zum Ausgang des Pashupatinath wieder an dem Meditationspavillon der Aghoris vorbei. Und ich muss mich berichtigen. Es ist nicht ihrer, auch andere Baba-Orden nutzen ihn, aber wenn man auf der Tempelanlage einen Aghori finden will, dann ist das hier die sicherste Adresse. Nah bei den Scheiterhaufen, in der Nase den Geruch von brennendem Menschenfleisch, saß ein Aghori in diesem Pavillon, als ich vorhin kam, aber ich nahm ihn nur aus den Augenwinkeln wahr, weil ich nicht hinschauen wollte. Jetzt will ich es wieder nicht, und ich gehe auch ziemlich zügig an ihm vorbei, aber diesmal beherrsche ich mich nicht und drehe kurz meinen Kopf zu ihm. Sein Körper aus Askesestahl ruht im perfekten Lotussitz, und sein Blick trifft mich wie ein Blitz. Die Blicke von Kathmandu haben es in sich. Gestern der böse Bulle, heute ein Altmeister der Aghoris, er könnte 100 sein, sogar älter, er sieht aus, als meditierte er seit ewig, und mit der Kraft, die das bringt, erschreckt er jeden, den er will.

In Scarletts Haus treffe ich auf Nima. Das ist ungewöhnlich, normalerweise ist sie am Abend nicht mehr da. Aber heute hat sie auf mich gewartet. Und Glück gehabt. Eigentlich wollte ich vom Pashupatinath direkt zur Stupa, um auch von Buddha Abschied zu nehmen, aber weil es bisher spätestens am Abend zu regnen begonnen und ich meinen Schirm vergessen hatte, kam ich, um ihn mir zu holen.

»Wenn ich Sie richtig verstanden habe«, sagt Nima, »wollen Sie morgen fliegen, weil Sie den Smog in Kathmandu nicht mehr aushalten.«

»Sie verstehen mich immer richtig, Nima.«

»Ich habe darüber mit meinem Chef gesprochen, und er kennt einen Ort, an dem die Luft immer gut ist und zu dem man auch während des Monsuns ohne Problem fahren kann. Und er ist nicht weit von Kathmandu. Sie wären in zwei Stunden da. Er liegt auf einem Berg.«

»Wie hoch?«

»2000 Meter. Ich war noch nie da, aber mein Chef sagt, es gebe gute Hotels dort, mit großen Balkonen und einem guten Ausblick auf den Himalaja. Sie können es sich im Internet anschauen.«

»Wie heißt der Ort?«

»Nagarkot.«

Wir googeln uns die Fotos, und sie sind der Hammer. Über die Wälder, Pagoden und Terrassenfelder des mittelhohen Gebirges fliegt der Blick in die Ferne zu den ganz großen, den majestätischen, den mythischen Dächern der Welt, dem weißen Gipfel der Annapurna, den Gletschern des Everest-Massivs. Mir geht's nicht gut bei dem Anblick, nein wirklich, es ist genau das, wonach meine Augen sich sehnen, seitdem ich in Nepal gelandet bin, im Grunde sehnen sie sich danach schon seit Monaten, Jahren, eineinhalb Jahrzehnten, und ich verfluche meine Entscheidung und verfluche auch, dass ich mich schon wieder entscheiden muss, für eine Entscheidung gegen die Entscheidung, ich werd bald verrückt. Doch so weit kommt es dann doch nicht, weil Nima mir gesteht, dass der Chef auch gesagt habe, von den Bergen sehe man während des Monsuns natürlich gar nichts, wegen der Wolken, aber die Luft sei wirklich gut.

Der Chef hat's gegeben, der Chef hat's genommen.

Trotzdem gehe ich unsicherer als geplant zu meinem letzten Rotwein mit Buddha, es sind nur wenige Gäste im La Casita, ich bin allein mit seinen Augen und meinem Wein. Der Ausblick ist noch etwas schöner als an den vergangenen Abenden, aber ich komme nicht darauf, das, was ihn grad etwas schöner macht, in Bezug zu meinen Reiseplänen zu sehen, ich genieße es einfach nur und vertiefe den Genuss mit einem zweiten Glas. Auf Scarletts Balkon sieht es dann ähnlich aus, also etwas schöner als in den vergangenen Nächten, und noch immer gibt mir das nicht zu denken.

Was mir zu denken gibt, ist der Blick des Aghori. Immer wieder dringt er durch das Vergessen. Wenn Yogis mich mit ihrer Hand an ihrem Bewusstsein andocken können, warum sollen sie das nicht auch mit ihren Blicken vermögen. Und der Seinszustand des alten Aghori war offensichtlich die Schlaflosigkeit. Es ist mittlerweile gegen drei Uhr in der Nacht, und ich kann noch immer nicht die Augen schließen, ohne sogleich die Augen des Aghori zu sehen. Und, wupps, bin ich wieder hellwach. Das ist einerseits praktisch, denn in zwei Stunden kommt das Taxi, um mich zum Flughafen zu fahren, und nichts ist widerlicher, als in der ersten Tiefschlafphase wieder aufstehen zu müssen, andererseits quält mich die Frage, was mach ich so wach mit dem Rest der Nacht? Warum sie irgendwie schöner ist als die anderen davor, frage ich mich bei alldem gerade nicht. Erst als der Morgen graut und sich das Grau ziemlich flott in Gold verwandelt, wird mir klar, was in dieser Nacht anders war. Ich hatte über der

Stupa auch schon vorher mal den Mond gesehen, wenn die Wolkendecke kurz aufriss, gestern sah ich ihn länger. Und auch von Scarletts Balkon konnte ich vorher manchmal ein paar Sterne bewundern, in dieser Nacht waren es mehr. Warum? Riesenrätsel!

18. KAPITEL

9. TAG IN KATHMANDU

Die Sonne empfängt mich, als ich mit meinem Rucksack zur Tür hinaustrete, und nachdem ich durch das große grüne Gartentor auf die Straße gekommen bin, ist sie noch immer da. Und wird mit jeder Minute, die ich auf das Taxi warte, heller. Und der ganze Schrott da draußen sieht plötzlich zauberhaft aus, die Farben kommen raus, Licht blinkt von den Pfützen. Konnte oder wollte ich die Zeichen des Himmels bis dato nicht deuten, um nicht wieder einem alten Laster frönen zu müssen, so sind sie jetzt nicht länger zu ignorieren.

Wie wär's mit einer Münze?

Aber da kommt schon das Taxi durch den strahlenden Morgen angehumpelt, und Nima kommt auch, sie hat die Fahrt organisiert und will es sich nicht nehmen lassen, mich zu verabschieden. Sie hat ihre Haare, nicht wie sonst, zu einem Pferdeschwanz gebunden, sondern trägt sie offen. Wie eine schwarze Welle fallen sie an dem roten Kleid herab, das ich auch noch nie an ihr sah.

»Ich habe mich geirrt«, sagt Nima. »Der Monsun ist vorbei.«

»Ja.«

»Und Sie wollen trotzdem fliegen?«

»Ja.«

Asiaten sind keine Latinos. Auch keine Russen. Sie können ihre Emotionen beherrschen. Nur ein Hauch von Enttäuschung legt sich über ihr Gesicht. Ich gebe ihr den Schlüssel von Scarletts Haus und meine Mailadresse.

»Ich habe ein Bitte«, sagt Nima. »Würden Sie mir Ihr Buch zuschicken, wenn es fertig ist?«

»Was für ein Buch?«

»Über Kashinath und das Mantra. Wollen Sie das nicht mehr schreiben?«

»Ich glaube nicht«, sage ich.

»Ich glaube schon«, sagt sie.

Gute Übersetzerin! Sie coacht sogar. In dem Fall habe ich aber auch noch eine Bitte an sie.

»Wenn Sie recht behalten sollten, brauche ich von dem alten Baba noch das Einverständnis, über sein Mantra zu schreiben. Wir haben vergessen, ihn danach zu fragen. Er hat es uns zwar sehr locker verraten, und wahrscheinlich ist eh alles klar, aber korrekter wäre es, wenn man ihn fragt, oder was meinen Sie?«

»Das sehe ich auch so. Und ich kann das gern für Sie tun. Ich mache es gleich heute. Und maile Ihnen, was er geantwortet hat.«

»Namaste, Nima.«

»Namaste, Helge.«

Die Fahrt zum Flughafen wird zur süßen Qual. Ich habe in der Nacht keine Minute geschlafen, aber ich bin nicht müde, sondern überwach. Außerdem fühle ich mich so leicht wie ein Blatt. Da ist nichts Schweres mehr in mir. Überhaupt nichts. Nach einer Woche Abwesenheit flutet die Sonne mein Gehirn mit Licht. Das kann ein Grund dafür sein. Ein anderer: Um die Zeit totzuschlagen, habe ich in der Nacht lange das neue Mantra rotieren lassen, obwohl mich keine akute Angst mehr beschäftigte, aber irgendwelche Restängste sind immer da, und die hat es vielleicht wie Staub rausgewischt, und das habe ich nun davon. Und eine dritte Erklärung für mein Glück im Taxi wäre, dass die Seele bei Fernreisen manchmal nicht drei, sondern sieben Tage braucht, um anzukommen. Aber jetzt ist sie da. Full power da. Die Straßen sind noch fast ohne Verkehr, aber an den Seiten kocht bereits der Chai in den Töpfen, Haare werden gekämmt, Jalousien rattern hoch, und weil mich das alles so leicht und fröhlich stimmt, werden selbst die Schlaglöcher unter mir zu einem Spaßparcours. Bis mir wieder einfällt, wohin ich fahre. Wirklich? Ich brauche doch nur dem Taxifahrer ein Wort zu sagen, und in zwei Stunden bin ich auf den Terrassen von Nagarkot und frühstücke in der Sonne mit freiem Blick auf den Himalaja. Scheiß doch auf Opodo. Und keine Panik, du hast noch 30 Minuten Zeit.

In 30 Minuten kann viel geschehen. Sogar ein klarer Gedanke. Er sagt mir, dass es Wichtigeres gibt als einen Ausflug in die nahen Berge, auch Wichtigeres als eine Reise zu den Bergen in der Ferne, Wichtigeres als ein Mantra, Wichtigeres als Kashinath, Wichtigeres als ein Buch. Ich will das nicht verallgemeinern, aber für mich kann ich es mit Bestimmtheit sagen, was grad das Wichtigste ist. Es muss aufhören, sofort, hier und jetzt, dass ich mit Entscheidungen so umgehe, als wenn nichts entschieden wäre. Hin und her und her und hin und her. Das geht nicht mehr, das mache ich nicht mehr mit. Ich entscheide mich deshalb, von nun an Entscheidungen durchzuziehen, egal, wie falsch sie sich auch anfühlen mögen, und bin zufrieden mit dem kategorischen Imperativ.

Man kommt nie mit leeren Händen aus dem Himalaja zurück. Vor 15 Jahren war es ein Mantra gegen die Angst, jetzt ist es eins gegen die Planungsunsicherheit. Es heißt: Du! Hast! Dich! Entschieden!

19. KAPITEL

30 MINUTEN SPÄTER

Das Taxi hält. Ich steige aus. Das große grüne Tor steht offen. Im Garten singen die Vögel. Nima frühstückt in ihrem Büro. Sie ist keine Latina, ich sagte es schon, aber ihre Freude über meine Rückkehr ist wirklich nicht zu übersehen.

»Sie haben sich umentschieden?«, fragt sie.

»Ja.«

»Warum?«

»Warum nicht?«

»Gute Entscheidung, dann können wir ja zusammen zu dem alten Baba gehen.«

»Aber erst mal einen Nescafé.«

Wie freue ich mich über Scarletts Küche, die in diesem Morgenlicht aussieht, als hätte Hollywood sie gefilmt, wie freue ich mich, meinen Rucksack wieder in ihrem Gästezimmer abzustellen, durch dessen Fenster jetzt die Sonne fällt, wie freue ich mich über Sula, die Haushälterin, die mit ihrer Arbeit beginnt, als wäre nichts geschehen, und wie freue ich mich darauf, endlich mal bei gutem Wetter durch den Pashupatinath zu gehen.

Bisschen später im Tempel.

Der Himmel ist mittlerweile makellos blau. Hunde, Affen, Yogis, alle sind gut drauf. Nur die Toten machen sich nichts aus der Rückkehr des Lichts. Am Ashram der Gorakhnath wartet dann leider wieder eine Enttäuschung auf uns. Der alte Baba ist nicht da. Auch kein anderer, mit dem wir hier vor Tagen sprachen. Wahrscheinlich ist es noch zu früh. Nur ein junger Asket mit Gitarre sitzt auf der Bank vor dem Eingang.

»Namaste, Baba.«

»Namaste. Aber ich bin kein Baba. Ich arbeite für sie. Ich bin der Hausmeister. Das ist kein Ashram, nur ein Gästehaus für Gorakhnaths, versteht ihr? Manche bleiben Tage, andere Jahre. Nur ich bin immer hier.«

Wir fragen ihn nach dem Alten.

»Welcher Alte?«

»Der mit den grauen Haaren, dem grauen Bart und der großen schwarzen Hornbrille.«

»Ah, ihr meint Kashinath.«

»Nein, wir meinen den!«

Nima zeigt ihm das Video, er nickt.

»Das ist Kashinath.«

»Das kann doch nicht wahr sein!«

»Warum nicht? Aber er ist nicht mehr hier. Kashinath ist vor drei Tagen fortgegangen.«

Soll ich lachen, soll ich weinen, soll ich zum Augenarzt gehen? Warum habe ich ihn nicht wiedererkannt? Nur weil alles an ihm grau geworden ist? Oder wegen der Brille? Oder weil die Jahre armen Asiaten übler mitspielen als uns wohlhabenden Europäern? Oder weil er es nicht wollte? Oder wegen allem zusammen? Nima ist auch überrascht, aber nicht so full power wie ich.

»Komisch«, sagt sie, »ich hatte kurz gedacht, dass er es sein könnte, als wir ihn trafen. Was soll das? Und warum haben die anderen Babas dabei mitgemacht?«

»Vielleicht hat er ihnen ein Zeichen gegeben, Nima.«

»Aber warum?«

Ich frage den Gitarre spielenden Hausmeister des Gorakhnath-Gästehauses, wann genau Kashinath den Tempel verlassen hat, und er sagt, vor drei Tagen nach Sonnenaufgang. Also einen Tag, nachdem wir bei ihm waren, the day after, sozusagen, oder der Morgen danach. Ich frage ihn, wie lange Kashinath vorher hier gewesen ist. Er sagt, lange. Und natürlich frage ich ihn noch, ob er eine Ahnung hat, warum Kashinath so plötzlich aufgebrochen ist, und er antwortet zu meiner Überraschung sehr präzise.

»Kashinath sagte, er wolle seine Ruhe haben.«

»Alles klar, Nima. Jetzt weiß ich auch, warum der Alte so sicher war, dass wir Kashinath an den Adressen, die er uns gegeben hat, nicht finden werden. Dasselbe gilt für die anderen, die dabei waren. Let's face it, Nima, die Babas haben uns verarscht.«

Wir verabschieden uns, und ich führe Nima in das Pashupatinath-Café, das nicht weit von dem Gästehaus der Gorakhnaths steht. Na ja, was heißt Café? Eine Bude mit kaputten Plastiktischen davor. Das Essen kann ich nicht empfehlen, schon wegen der professionellen Affen in der Nähe. Ich nehme ein Cola. Das geht immer. Nima fragt sich weiterhin, warum Kashinath sich verleugnet hat.

»Sie haben es doch gehört, er will seine Ruhe haben. Das hat er mir schon damals gesagt, in diesem Café übrigens, ich glaube sogar, an diesem Tisch. Er befolgt zwar den Auftrag seines Meisters, jedem, der ihn nach der Wahrheit befragt, zu antworten, so gut es geht, aber danach drängeln tut er sich nicht. Er will kein Guru sein, und dass einer in nur 15 Jahren zweimal bei ihm auftaucht, war dann der Tropfen, der das Fass zum Überlaufen gebracht hat.«

Nima nickt. Warum so ernst? Ich dachte, ich hätte einen Scherz gemacht.

»Nein«, sagt Nima, »das ist möglich. Die Babas sind ziemlich verrückt.«

»Wenn's so ist, hätte ich da noch 'ne andere Version. Stellen Sie sich vor, er hätte mir damals das Placebo gegeben, um meinen Glauben zu testen, und dann hat er 15 Jahre gewartet, um mir das richtige Mantra zu geben.«

»Auch möglich«, sagt Nima.

»Und das, obwohl nur zwei Jahre ausgemacht waren.«

»Wie meinen Sie das?«

»Hier, an diesem Tisch, hat er mir erzählt, dass er etwa zwei Jahre später zu seiner letzten großen Pilgerreise kreuz und quer durch Indien aufbrechen will. Ich habe ihn gefragt, ob ich ihn dabei begleiten darf, und er hat Ja gesagt, aber er nannte eine Bedingung. Ich solle bis dahin Hindi lernen, was ich versprach. Und nun komme ich nicht nach zwei, sondern nach 15 Jahren zurück und bringe wieder eine Übersetzerin mit.«

»Shit happens«, sagt Nima. »Und was machen Sie jetzt?«

»Ich nehme ein Taxi nach Nagarkot.«

»Oh, da war ich noch nie. Brauchen Sie da auch eine Übersetzerin?«

Ich sehe in den blauen Himmel, in dem nicht mal mehr die Erinnerung von einem Wölkchen ist.

»Ich sag Ihnen was, Nima, langsam bin ich ready for everything.«

END OF STORY

HIER GEHT'S ZUM MANTRA: